DE
LA QUALITÉ DE FRANÇAIS
ET DE LA NATURALISATION.

Ouvrages du même auteur :

Essai sur les Peines et le Système pénitentiaire ; mémoire couronné par l'Institut (Académie des sciences morales et politiques). — 1 vol. in-8°.

Traité général des Assurances : assurances maritimes, terrestres, mutuelles et sur la vie. — 2 vol. in-8°.

Histoire de la Possession et des Actions possessoires en Droit français ; mémoire couronné par l'Institut (Académie des sciences morales et politiques). — 1 vol. in-8°.

Paris. — Impr. de Cosse et J. Dumaine, rue Christine, 2.

DE LA

QUALITÉ DE FRANÇAIS

ET

DE LA NATURALISATION,

OU

TRAITÉ DES LOIS QUI, JUSQU'A CE JOUR, ONT ATTRIBUÉ, FAIT PERDRE,
RECOUVRER, OU ACQUÉRIR LA QUALITÉ DE FRANÇAIS;

PAR ISIDORE **ALAUZET**,

Chef du bureau de l'état civil et du sceau au Ministère de la Justice.

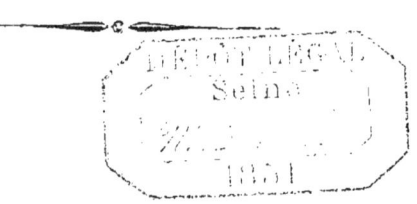

PARIS

IMPRIMERIE ET LIBRAIRIE GÉNÉRALE DE JURISPRUDENCE
DE COSSE, SUCC^r DE COSSE ET N. DELAMOTTE,
Éditeur des Codes annotés de Sirey et Gilbert, des Lois et Ordonnances par Galisset, etc.,
libraire de l'Ordre des Avocats à la Cour de cassation.

PLACE DAUPHINE, 27.

1851

DE

LA QUALITÉ DE FRANÇAIS

ET DE LA NATURALISATION.

1. Chargé de diriger au ministère de la justice
le bureau appelé plus spécialement à connaître, au
moins en ce qui concerne l'Administration, des affaires relatives à l'état civil et au droit des personnes, j'ai dû étudier cette partie de notre législation
avec un soin particulier. Trop d'excellents ouvrages existent sur cette matière, pour que j'aie songé
à en publier un nouveau : mais j'ai pensé qu'il ne
serait peut-être pas sans intérêt de réunir, dans un
ouvrage spécial, les questions qui se rattachent exclusivement à la nationalité et à la naturalisation.

La loi a déclaré (C. civ., art. 7) que l'exercice
des droits civils est indépendant de la qualité de citoyen, laquelle ne s'acquiert et ne se conserve que
conformément à la loi constitutionnelle : j'adopte,
dans mon travail, cette distinction fondamentale, et
je laisse entièrement de côté tout ce qui a trait au
droit politique et constitutionnel. Je me borne, en
outre, à constater l'existence de la qualité de Français ; je renvoie aux traités généraux pour connaître
les conséquences qui en découlent.

2. Le plan que je me suis tracé m'a amené à re-
chercher en premier lieu à quel fait notre législation

1

a attaché la nationalité ; entre les deux systèmes qui pouvaient être adoptés et qui la font dépendre, l'un du lieu de la naissance, l'autre de la filiation , c'est le dernier que la loi a choisi, et elle a préféré, en toute occasion, la filiation paternelle quand elle a pu être connue.

C'est par suite d'une transaction entre ces deux systèmes qu'a été écrit l'art. 9 du Code civil ; l'article 10 est une conséquence favorable de celui qui a été adopté ; enfin, la loi du 22 décembre 1790, sur les descendants des religionnaires fugitifs, a créé aussi des naturels français, en vertu d'une application plus favorable encore de cette même règle.

Je n'ai pu voir, dans les individus français en vertu des dispositions que je viens de rappeler, des étrangers naturalisés, mais bien des indigènes.

Par naturalisation, j'entends l'acte purement civil qui rattache l'étranger à une patrie qu'aucun lien naturel n'unissait à lui quand il est venu au monde; mais, s'il peut invoquer, ou le rapport qu'établit le lieu de sa naissance entre lui et la contrée où il a vu le jour, ou le rapport de filiation avec un homme né citoyen du pays, qui devient le sien également, ce n'est plus un acte purement civil qui lui donne sa patrie : il la tient bien réellement, en principe, d'une des deux seules conditions qui, en aucun temps, en aucun lieu, aient établi la nationalité.

3. J'ai indiqué les moyens que la loi ouvre aux anciens Français pour recouvrer leur nationalité perdue.

4. Enfin j'ai traité de la naturalisation ; des législations qui l'ont réglée ; des questions que ces lois peuvent soulever.

5. J'ai complété mon ouvrage en faisant sentir les modifications que la loi a fait subir à ces règles toutes les fois qu'il a été question de la nationalité des femmes : la législation impériale les a toujours considérées comme ne devant attacher aucune importance à un fait qui, pour l'autre sexe , lui a paru si considérable.

6. Ce cadre m'a paru simple, rationnel, et j'ai tâché de le remplir, tout en m'efforçant, en même temps, de n'en pas sortir.

§ 1ᵉʳ. — *Des conditions qui donnent la qualité de Français.*

7. Les diverses constitutions qui ont été proclamées en France depuis 1791 jusqu'en l'an viii, en indiquant à quelles conditions était attaché le titre de citoyen, pouvaient presque toujours servir de règle, en même temps, pour reconnaître les personnes à qui devait être attribuée la qualité de Français. Ces constitutions ont cessé d'exister ; celle qui nous régit est muette à cet égard.

Le Code civil, auquel il faut se reporter, n'a point posé, tout d'abord, un principe général ; l'art. 10 dit : « Tout enfant né d'un Français en pays étranger est Français : » à plus forte raison, sans doute, s'il est né en France. Tout enfant né d'un Français, en quelque lieu que ce soit, est donc Français en venant à la lumière ; la terre où il a vu le jour n'a plus aucune importance : c'est la filiation seule qui établit la nationalité.

8. Par suite de ce principe, l'enfant naturel.

né en France ou en pays étranger, d'une mère française et d'un père inconnu, est Français ; cette opinion, adoptée déjà sous l'ancienne jurisprudence, ne trouve pas de contradicteurs. Mais, s'il est reconnu par un père étranger, il cesse d'être Français.

Cette dernière proposition, quoiqu'elle ait été contestée quelquefois, par souvenir peut-être de la législation romaine, me semble certaine. L'ensemble de nos lois démontre que c'est à la filiation paternelle qu'a été attachée la nationalité ; il faut que la paternité soit complétement inconnue, pour qu'on puisse recourir à la filiation maternelle. Le père naturel, en droit français, a la puissance paternelle ; il lègue son nom à l'enfant reconnu (1) ; et toutes les fois qu'il est en concours avec la mère, sa position à son égard, en ce qui touche l'enfant naturel, est la même que s'il s'agissait d'un enfant légitime : la mère ne peut donc l'emporter sur lui pour imposer sa nationalité à un enfant qui ne portera pas son nom.

9. L'enfant naturel d'une mère étrangère sera Français, par suite du même principe, en quelque lieu qu'il soit né, s'il est reconnu par un père français.

10. J'admets volontiers que de pareilles règles peuvent engendrer des abus ; que le droit, qui appartient à l'enfant reconnu ou à tout autre, justifiant de son intérêt, de contester la reconnaissance,

---

(1) Cour de cassation, 15 juillet 1840, rejet.

n'est qu'un remède bien imparfait ; mais le principe de la filiation paternelle, cause génératrice de la nationalité, est établi par la loi ; il faut bien en admettre les conséquences forcées.

La reconnaissance, dans l'un et l'autre cas, rétroagit évidemment à la naissance : la nationalité attribuée à l'enfant ne peut pas ne pas lui avoir toujours appartenu, pas plus qu'il ne peut pas ne pas avoir toujours été le fils de celui qui l'a reconnu. La reconnaissance déclare un fait ; elle ne crée rien.

11. Le principe peu logique qui a fait établir dans la loi que le rapport de nationalité dépendait, non du pays, mais de la filiation, et fait confondre ainsi la famille et la patrie, ne reçoit pas même exception pour les enfants trouvés, nés de père et mère inconnus; ils sont bien regardés comme Français et comme tels seulement admis et élevés dans les hospices (1), mais c'est en vertu de la présomption qui leur attribue une paternité française, et cette présomption ne cède qu'à la preuve contraire.

12. Que déciderait-on pour l'enfant né à l'étranger d'une Française et d'un Français frappés de mort civile? Dire que le mort civilement n'a pas de famille est une fiction légale qui admet des restrictions : ainsi elle ne fait pas obstacle à ce que l'enfant doive des aliments à son père : la filiation existe donc et doit avoir pour conséquence de produire la nationalité. Je n'ai pas besoin de faire observer que

(1) D. 19 janvier 1811.

la perte des droits civils par suite de condamnations judiciaires n'emporte pas la perte de la nationalité, et que la réhabilitation est toute autre chose que la réintégration dans la qualité de Français.

La question a pu se présenter assez fréquemment à l'époque où les émigrés étaient frappés de mort civile ; je laisse de côté, bien entendu, le point de savoir dans quelles circonstances l'enfant du mort civilement peut prétendre au titre d'enfant légitime : ainsi un arrêt a décidé que l'enfant conçu avant la mort civile de son père, quoique né depuis, devait être réputé enfant légitime (1); à plus forte raison, Français (2) ; mais, si l'enfant conçu pendant la mort civile ne doit pas être réputé légitime (3), il ne s'ensuit nullement qu'il ne soit pas Français.

13. En serait-il de même pour l'enfant adultérin ou incestueux? Je ne le pense pas, quoiqu'à certains égards sa position soit la même que celle qui appartient au fils d'une personne frappée de mort civile. L'empêchement qui s'oppose à la reconnaissance est tiré de raisons morales ; je ne crois pas qu'on doive en rien les affaiblir. Si l'enfant adultérin est né en France, la présomption favorable aux enfants de parents inconnus pourra lui profiter : « Pour les enfants adultérins et incestueux, « dit M. Dalloz, si ce n'est dans les cas fort rares « où, par suite de jugements, la filiation se trouve, « contrairement au vœu de la loi, établie en fait d'une

_____

(1) Cour de cassation, 11 juin 1844, rejet.
(2) *Idem*, 3 février 1813, cass.
(3) *Idem*, 8 février 1810, rejet.

« manière authentique, ils doivent être considérés
« comme nés de père et mère inconnus (1). »

14. L'état civil de toute personne est réglé au moment de sa naissance par l'acte qui en est dressé; sa
nationalité est fixée désormais, et ne peut être mo-
difiée, si ce n'est par un fait qui lui soit personnel,
sauf le cas où son pays change de domination.
« Lorsqu'une province est réunie à la couronne,
« dit Pothier, ses habitants doivent être regardés
« comme naturels français, soit qu'ils y soient nés
« avant ou après la réunion. Il y a même lieu de
« penser que les étrangers qui seraient établis dans
« ces provinces et y auraient obtenu, suivant les
« lois qui y sont en vigueur, les droits de citoyen,
« devraient, après la réunion, être considérés comme
« citoyens, ainsi que les habitants originaires de ces
« provinces, ou, du moins, comme des étrangers
« naturalisés en France (2). »

Ce principe est fort ancien, quoiqu'il n'ait pas
existé de tout temps; on ne croit plus avoir le droit
d'imposer au peuple conquis des conditions plus
dures que la loi commune; et par suite, le droit
des gens a établi, par une fiction légale, que les habitants des provinces conquises seraient censés avoir
toujours été soumis au souverain que les traités leur
donnent : du moment qu'un pays est incorporé à
un autre, il est donc supposé lui avoir toujours appartenu, comme devoir lui appartenir toujours.

---

(1) Répertoire, vᵒ *Droits civils*, nᵒ 78.
(2) *Traité des personnes*, part. 1ʳᵉ, tit. II, sect. 1ʳᵉ.

Les conquêtes de la République et de l'Empire ont donné lieu à de fréquentes applications de cette règle ; mais ces conquêtes ont été de courte durée. « Lorsqu'une province est démembrée de la cou- « ronne, dit encore Pothier, lorsqu'un pays con- « quis est rendu par le traité de paix, les habitants « changent de domination. De citoyens qu'ils « étaient au moment de la conquête ou depuis la « conquête, s'ils sont nés depuis la réunion, de « citoyens qu'ils étaient par leur naissance, jusqu'au « temps du démembrement de la province, ils de- « viennent étrangers (1). »

Aucune difficulté ne s'est jamais élevée et ne pou- vait s'élever sur les principes que je viens de rap- peler ; les habitants des provinces réunies ont été, pendant l'incorporation, naturels français et assi- milés en tout aux anciens Français, ainsi que le seront les habitants de toute contrée, du jour où elle sera déclarée faire partie du territoire. Un événement analogue à celui qui leur avait fait ac- quérir la nationalité française la leur a fait perdre également et sans retour, du moins aux yeux de la loi et conformément aux traités.

15. Mais l'individu né en France d'un de ces Français, qui, depuis, ont perdu leur qualité, a-t-il suivi le sort de son père ? Cette question a été vive- ment controversée et a donné lieu à des arrêts con- tradictoires que je crois inutile de rappeler (2).

---

(1) *Traité des personnes*, part. 1re, tit. II, sect. 1re.
(2) *Voy.* Lyon, 2 août 1827 ; Cour de cassation, 19 mars 1828 ;

Aux termes du Code civil, un individu né en France d'un Français est Français ; cela est incontestable. Il ne peut plus perdre cette qualité, ainsi que je l'ai dit, que par un fait personnel, ou par suite d'un événement qui fera passer le lieu de sa naissance sous une domination étrangère ; ce principe est encore admis par tous. Enfin il est également admis, dans notre hypothèse, que l'individu est né sur le sol actuel de la France, et n'a rien fait personnellement, qui ait pu lui faire perdre la qualité qui lui a été justement attribuée, au moment où il a vu le jour.

En vertu de la règle posée par la loi française, il tient sa nationalité de son père ; mais une fois qu'elle a été constatée par son acte de naissance, son état civil constitue pour lui « *un droit propre et un titre personnel* (1). La loi n'a pu exiger évidemment que, pendant le cours entier de son existence, il

---

Douai, 16 novembre 1829 ; Grenoble, 18 février 1831; Paris, 25 mars 1834; Cour de cassation, 16 juillet 1834, 9 juillet 1844, 13 janvier 1845. La plupart de ces arrêts sont ou paraissent contraires à l'opinion que je vais chercher à faire prévaloir ; mais, dans bien des circonstances, on ne peut tirer des monuments de la jurisprudence, pour les questions de principe, tout le secours que semblent promettre, à si bon droit, les lumières et la science de la magistrature , parce qu'elle ne prononce que sur des espèces et sur la question , telle qu'elle lui est posée, et souvent elle l'est fort mal : ainsi, devant la Cour de Lyon, on voulait attacher la qualité de Français à la seule naissance sur le territoire, indépendamment de la filiation ; devant la Cour de cassation, on soutenait que le père de celui dont l'état était en question avait été naturalisé. Je laisse donc de côté, dans cette circonstance, une revue de la jurisprudence qui ne me prêterait aucun secours.

(1) Cour de cassation, 13 janvier 1845.

s'enquît de ce qu'était devenu son père, pour savoir
ce qu'il était lui-même; c'est bien assez de l'y avoir
astreint au moment de sa naissance. Aussi, nul n'a
jamais prétendu que le Français perdant sa qualité
par l'une des causes prévues par l'article 17 du Code
civil enlevât à ses enfants déjà nés le titre dont il
est lui-même déchu.

16. M. Fœlix, toutefois, examinant l'arrêt que
j'ai cité tout à l'heure, insiste : « Il faut recon-
« naître, dit-il, que l'adage d'après lequel on ne
« peut transmettre à un autre plus de droits qu'on
« n'en a soi-même conserve ses effets. Or, Marchal
« père (comme tous les individus qui se sont trou-
« vés dans la même position que lui) ne possédait
« la qualité de Français que sous la condition de la
« réunion du Hainaut à la France ; il ne tenait pas
« cette qualité à un autre titre pur et simple : donc
« il ne pouvait transmettre au fils qu'une qualité
« également conditionnelle. Or, cette qualité a
« manqué et défailli (1). »

Ce raisonnement est sans contredit le plus spé-
cieux que l'on puisse opposer à la doctrine que je
soutiens; mais j'en demande pardon à M. Fœlix,
dont personne plus que moi ne respecte la haute
autorité, ce raisonnement repose tout entier sur
une pétition de principe.

Le seul fait d'avoir perdu, soit par sa propre
faute, soit par force majeure, un droit qui vous
avait été attribué, suffit-il pour autoriser à dire

---

(1) *Revue française et étrangère de législation*, 1845, p. 344.

que ce droit était conditionnel, lorsque rien dans la loi ou dans le titre ne l'a soumis à aucune restriction ; lorsqu'il a été accordé sans aucune réticence, plein et entier ? Pour apprécier s'il y a eu condition, faut-il s'en rapporter à l'événement de force majeure qui l'a fait périr, ou bien au titre constitutif et l'apprécier au moment même où il a été créé ? Poser cette question, c'est la résoudre.

La France n'a été formée, telle qu'elle existe, que par l'incorporation successive de diverses provinces ; elles n'ont certes pas été réunies sous une condition résolutoire ; mais le sort des armes a pu en détacher quelques-unes après une réunion plus ou moins prolongée : le résultat doit être de changer encore une fois la nationalité des naturels de cette contrée et non de venir rétrospectivement porter atteinte à des droits nés d'une qualité dont ils ont joui, et qui jusqu'au moment où un événement de force majeure, s'il en fut jamais, est venu la briser violemment, était entière et sans condition.

Les traités qui avaient réuni la Belgique et d'autres provinces à la France étaient-ils conditionnels ? Non, certes. Je ne saurais trop le répéter, la qualité de Français donnée à leurs habitants était pleine et entière : c'est donc pleine et entière qu'ils l'ont transmise à leurs enfants ; s'ils l'ont perdue, ce n'est point parce qu'une condition qui n'était écrite nulle part *a manqué et défailli*. Aurait-on pu dire que les habitants des provinces rhénanes étaient, avant la conquête, des Prussiens sous condition, et qu'ils étaient devenus Français parce que la condition avait défailli ? Ils étaient devenus Français parce que leur pays avait été réuni à la France ; ils sont devenus Prussiens parce que leur pays a été réuni à la Prusse, et cela définitivement, sans restriction, sans condition, sauf les cas de force majeure, qui changeront ce qui, dans l'intention de la loi et du contrat, ce qui, dans le désir des parties, devait être ferme et stable à toujours.

La loi française, en attachant la nationalité à la filiation, n'a point exagéré ce principe à ce point d'absurdité, qu'un Français ne pût jamais avoir un état civil stable et certain. L'état civil d'un individu, je l'ai déjà dit, se fixe au moment de sa naissance, voilà le principe ; et, à ce moment, quant à la nationalité, il dépend de la filiation. Rien, dans le cas que j'examine, n'est arrivé depuis ce moment qui ait trait à la personne ; rien n'est arrivé qui ait trait à la contrée où il a pris naissance ; que lui fait le reste ? Que lui fait que son père ait cessé d'être Français par sa faute (Code civ., art. 17), ou par force majeure !

Et, maintenant, je dirai volontiers, avec M. Fœlix, qu'il importe peu que le père soit décédé avant ou depuis les traités ; qu'il importe peu également que le fils, né en France, soit au moment du décès, soit à la date des traités, fût en état de minorité, ou bien qu'il fût majeur. Toutes ces distinctions ne reposent sur aucun texte ni sur aucun principe : la femme suit la condition du mari, cela est dit très-expressément, et cela doit être. Où trouve-t-on écrit que les enfants mineurs suivent la condition du père, et pourquoi cela serait-il ? J'aurai occasion de revenir sur cette proposition en traitant de la naturalisation.

Toutefois, il ne saurait être douteux pour ceux qui ne partageraient pas mon avis, que les fils de ces anciens Français, nés en France, pourraient se prévaloir de l'art. 9, Cod. civ.

17. Je dois ajouter encore qu'en présence des irrésolutions de la jurisprudence, quelques individus, dans cette position, auront sollicité la naturalisation. L'Administration, s'ils en étaient dignes d'ailleurs, ne pouvait leur répondre par un refus et les renvoyer aux tribunaux, qui, pour la plupart, avaient prononcé contre eux ; dans le doute, il y avait lieu de les admettre ; je ne crois pas, si plus tard ils avaient intérêt à faire juger la question, qu'on pût leur opposer cette abdication, pour ainsi dire forcée par les circonstances, qu'ils avaient faite de leur droit, en sollicitant des lettres de naturalisation. Si le droit existe, ils ne pouvaient le détruire.

18. Dans l'ancien droit, tous les individus nés en France tenaient du seul lieu de leur naissance la qualité de Français ; pour être étranger, il fallait tout à la fois, ainsi que le dit Guyot, « être né en pays étranger et de parents étrangers (1).» Tous les auteurs étaient unanimes sur ce point.

La législation intermédiaire conserva ces principes.

La constitution du 14 septembre 1791 a déter-

---

(1) Ancien répertoire, vᵒ *Étranger. Voy.* également Bacquet, *Droit d'aubaine,* ch. 39 ; Domat, *Droit public,* liv. Iᵉʳ, tit. 6, sect. 4, nᵒ 5 ; d'Aguesseau, 32ᵉ plaidoyer ; Pothier, *Traité des personnes,* part. 1ʳᵉ, tit. II, sect. 1ʳᵉ.

miné à quelles conditions on devait être réputé *ci-toyen français*, et, à plus forte raison , *naturel français*, au point de vue plus restreint du droit civil; l'art. 2 du titre 2 porte que cette qualité appartient : 1° à ceux qui sont nés en France d'un père français; 2° à ceux qui, nés en France d'un père étranger, y ont fixé leur résidence ; une fois la résidence établie, postérieurement, bien entendu, à la majorité, ils ne pouvaient plus perdre la nationalité française que dans les conditions du droit commun; 3° enfin, à ceux qui, nés en pays étranger d'un père français, sont venus- s'établir en France et ont prêté le serment civique : le serment civique n'était exigé que pour conférer l'exercice des droits de citoyen ; quant à la nécessité de venir s'établir en France, la Constitution avait adopté, en l'imposant, une opinion exprimée par Pothier, et qui était loin d'être généralement admise.

Cette législation modifiant, en certains points, les anciennes règles, dura peu ; la constitution du 24 juin 1793 fit disparaître ces distinctions, et dit, article 4 : « Tout homme né et domicilié en France, âgé « de 21 ans accomplis, est admis à l'exercice des « droits de citoyen français. » Je n'ai pas besoin de faire observer que le domicile, aussi bien que l'âge de 21 ans, est exigé pour exercer les droits de citoyen et non pour être Français; je ne pense pas que personne ait jamais songé que, sous l'empire de cette règle, il n'existait pas en France de Français au-dessous de 21 ans.

La constitution du 5 fructidor an III contient une disposition analogue, et fera mieux ressortir, par

ses termes, la différence que ces actes essentiellement politiques ont dû faire entre la qualité de citoyen et celle de Français; l'art. 8, tit. 2, est ainsi
conçu : « Tout homme né et résidant en France,
« qui, âgé de 21 ans accomplis, s'est fait inscrire
« sur le registre civique de son canton, qui a de-
« meuré depuis pendant une année sur le territoire
« de la République, et qui paie une contribution
« directe, foncière ou personnelle, est citoyen fran-
« çais. »

La constitution du 22 frimaire an VIII contient,
dans son art. 2, une disposition semblable.

Enfin, s'il était nécessaire d'établir que sous
l'ancienne jurisprudence, et jusqu'à la promulgation du Code civil, la seule naissance sur le sol
français attribuait la nationalité, la discussion qui a
eu lieu au conseil d'Etat, à l'occasion de l'art. 9,
inaugurant un principe différent, serait une preuve
sans réplique. Il est sans doute inutile d'insister da-
vantage sur ce point.

19. Un individu né en France, sous l'empire de
pareilles règles, est donc incontestablement Français; ses enfants ne peuvent pas ne pas l'être également. On s'étonne qu'un principe aussi simple ait
pu, dans l'application, soulever des difficultés et
embarrasser les tribunaux, qui ont rendu sur ce sujet des décisions contradictoires. Je n'en citerai
qu'un exemple :

Le nommé Sieur était petit-fils de Nicolas Sieur,
Belge d'origine; son père était né en France, en
1781, et par conséquent Français. Le doute ne semblait pas possible, ni pour lui, ni pour son fils, qui

voulait se soustraire au recrutement; toutefois, un jugement du tribunal de Rocroi (1) a jugé que « le « demandeur ni ses auteurs n'avaient, en aucun « temps, acquis la qualité de Français. » Ce jugement a été confirmé par arrêt de la Cour de Metz (2), qui adopta les motifs des premiers juges. La Cour de cassation a rejeté (3) le pourvoi formé contre cet arrêt, en se fondant sur ce que la Cour avait jugé en fait et sans violer aucune loi.

J'approuve le scrupule qui empêche la Cour régulatrice de sortir de ses attributions; mais il ne faut pas abuser même des meilleures choses. Si un arrêt avait posé, comme fait, qu'un individu né à Paris et descendant d'ancêtres qui y étaient établis de temps immémorial *n'avait en aucun temps acquis la qualité de Français*, est-ce que l'arrêt, en constatant, non le fait, mais bien le droit, qui en résulte comme conséquence, n'aurait pas violé le Code civil? C'est au même titre qu'un individu né d'un père qui a vu le jour en France en 1781 tient la qualité de Français de sa naissance, et n'a jamais eu besoin de l'acquérir autrement.

20. Le principe en matière de nationalité, soit qu'elle résulte du lieu de naissance, ou de la filiation, c'est qu'elle est imposée par la loi et n'est qu'une conséquence nécessaire de certains faits matériels faciles à constater : on ne choisit pas plus sa patrie que sa famille, et c'est avec étonnement que j'ai vu

---

(1) 19 août 1841.
(2) 15 décembre de la même année.
(3) 17 juillet 1843.

soutenir quelquefois qu'on ne devait contraindre personne à subir une nationalité qu'il voudrait répudier. Le souverain ne peut être indécis pour connaître les personnes soumises à son autorité et ne peut leur permettre de s'en affranchir à leur gré.

Toutefois, la loi française a bien voulu admettre, par exception, que la qualité de naturel français résulterait, pour quelques personnes, de certains actes, qu'elles sont libres d'accomplir, comme elles peuvent s'en abstenir.

L'art. 9 du Code civil en offre le premier exemple, et contient en outre une dérogation à la règle particulière qui régit la nationalité en France, en la faisant dériver du lieu de naissance ; il est ainsi conçu : « Tout individu né en France d'un étranger « pourra, dans l'année qui suivra l'époque de sa ma-« jorité, réclamer la qualité de Français, pourvu « que, dans le cas où il résiderait en France, il dé-« clare que son intention est d'y fixer son domicile, « et que, dans le cas où il résiderait en pays étran-« ger, il fasse sa soumission de fixer en France son « domicile, et qu'il l'y établisse dans l'année, à comp-« ter de l'acte de sa soumission. »

21. Tous les auteurs sont unanimes pour reconnaître que l'enfant d'un étranger né en pays étranger ne peut, quoiqu'il ait été conçu en France, se prévaloir de la disposition de l'art. 9 du Code civil. On est en présence d'un texte précis qui parle du fait de la naissance comme d'une condition nécessaire. Cette règle, qui laisse à un individu la liberté de choisir sa nationalité, est trop exorbitante pour qu'il soit permis de l'étendre. Si l'enfant conçu, par une

2

bienveillante interprétation, est considéré comme
né, c'est lorsque son intérêt évident le demande ; et
ici, cet intérêt peut être discuté. En outre, si l'on
comprend, dès la conception, le rapport entre le
père et l'enfant, quel lien peut établir cette conception entre l'être créé, mais qui n'a pas vu le jour,
et le pays? Évidemment le rapport, dans ce cas,
échappe complétement à l'intelligence.

22. Ceux qui veulent user du bénéfice de l'article 9 du Code civil doivent faire la déclaration
prescrite par la loi dans l'année de leur majorité ;
ce délai est fatal (1), et nul, sauf le cas prévu par
une loi spéciale, dont je vais parler, ne peut être
relevé de la déchéance. Il ne pourrait se prévaloir
même du cas de force majeure ; l'article doit être
entendu, comme toute disposition exorbitante, dans
le sens le plus strict, et il ne faut pas oublier qu'en
droit commun, c'est toujours par force majeure, et
non par sa libre volonté, qu'on appartient à une
nation plutôt qu'à une autre.

23. Si l'individu appelé à faire cette déclaration était à bord d'un vaisseau français, il se con-
formerait aux art. 59 et suivants du Code civil ; s'il
était sous les drapeaux, hors du territoire, aux art.
88 et suivants du Code civil ; s'il réside en pays
étranger, la déclaration dont parle l'art. 9 devrait
être faite devant les agents consulaires ou diplomatiques.

24. La majorité, dont parle l'art. 9 du Code ci-

---

(1) Cour de cassation, 14 mai 1834 ; rejet.

vil, est-elle celle qui est fixée par la loi française, ou bien celle qui est reconnue par la loi étrangère ? La question est controversée ; la plupart des auteurs opinent pour la loi française. M. Valette a fait remarquer, avec beaucoup de raison cependant, qu'en adoptant cette opinion, on pouvait arriver à ce résultat, que l'enfant né en France et emmené par son père dans son pays d'origine serait empêché d'accomplir, avant d'être arrivé à son indépendance, l'acte qui doit lui donner, peut-être contre la volonté de ses parents, la qualité de Français. Cela est vrai ; on pourra le regretter, mais les lois ne sont pas faites pour les exceptions ; la seule loi connue en France, et qui ait autorité, c'est la loi française ; c'est la seule, je crois, qui doive être appliquée. Ce n'est pas, ce me semble, une législation étrangère qui pourra modifier et faire varier à son gré une des conditions établies pour donner la nationalité française ; la règle ne serait plus, dès lors, la même pour tous. Si un étranger peut se plaindre que notre loi soit rigoureuse à son égard, ce n'est là, pour le législateur français, qu'une considération secondaire.

Cette question paraît, au reste, résolue par la loi du 7 février 1851, qui a modifié, dans une certaine mesure, l'art. 9 du Code civil.

25. L'hôtel d'un ambassadeur a été considéré, dans certaines circonstances, comme un sol étranger. Cette règle n'est vraie que par rapport à la personne même qui représente la nation étrangère ; mais cette fiction légale ne devrait pas être prise en considération pour l'application de l'art. 9.

2.

26. La femme mariée à un étranger serait déchue du bénéfice de l'art. 9, son mariage, tant qu'il subsisterait, mettant obstacle à ce qu'elle pût acquérir la qualité de Française.

27. Une loi du 22 mars 1849 a relevé les personnes qu'elle a désignées de la déchéance prononcée contre elles par l'article que j'examine en ce moment; elle est ainsi conçue : « L'individu né en « France d'un étranger sera admis, même après « l'année qui suivra l'époque de sa majorité, à faire « la déclaration prescrite par l'art. 9 du Code civil, « s'il se trouve dans l'une des deux conditions sui- « vantes : 1º s'il sert ou s'il a servi dans les armées « françaises de terre ou de mer ; 2º s'il a satisfait à « la loi du recrutement, sans exciper de son extra- « néité. »

Le législateur a pensé que l'individu né en France, qui se soumettait volontairement à la charge la plus lourde de celles qui pèsent particulièrement sur les nationaux, avait suffisamment manifesté son intention d'adopter la France pour sa patrie, et qu'il y avait lieu de l'admettre, en tout temps, à accomplir ce qui ne devait être considéré pour lui que comme une pure formalité.

Le fils d'étranger, qui a satisfait à la loi du recrutement, peut encore, si le sort lui a été défavorable, exciper de son extranéité et se faire rayer du contingent : la loi n'a rien changé à cet état de choses; l'acte auquel il s'est soumis ne le rend pas Français malgré lui, et il conserve le droit d'option que lui accorde l'art. 9 : il y a évidemment là un germe d'abus, mais la loi est positive.

Quel que soit le corps dans lequel le service ait été accompli, le bénéfice est acquis, pourvu qu'il fasse partie des *armées françaises de terre ou de mer*. Ainsi il ne peut exister de doute, particulièrement, quant à la légion étrangère. Il pourrait s'en élever peut-être pour certains corps d'ouvriers attachés à l'armée de terre ou à la marine, soit dans les fabriques d'armes, soit dans les ports. La position de ces individus devrait être appréciée au point de vue des lois militaires ; le bénéfice de la loi du 22 mars 1849 ne leur serait applicable qu'autant qu'un jeune Français, dans une position semblable, serait dispensé de tout autre service militaire et regardé comme accomplissant, dans la position qu'il occupe, celui auquel il est tenu.

Les engagements militaires peuvent, en diverses circonstances, être contractés pour un temps moins long que celui qui est imposé aux jeunes conscrits par la loi du recrutement ; cette circonstance ne peut être opposée aux fils d'étrangers ; la loi parle d'un service réel et effectif dans les armées de terre ou de mer, mais elle ne s'explique nullement sur la durée qu'il doit avoir.

28. Le second paragraphe de l'art. 10 du Code civil porte : « Tout enfant né en pays étranger d'un « Français, qui aurait perdu la qualité de Fran- « çais, pourra toujours recouvrer cette qualité en « remplissant les formalités prescrites par l'ar- « ticle 9. »

Cette disposition est conçue en termes plus favorables que celle qui est contenue dans l'art. 9 ; les individus qu'elle concerne peuvent l'invoquer pendant le cours entier de leur existence, et n'ont à craindre aucune déchéance; la loi dit *pourra toujours*. Il est entendu, toutefois, qu'ils doivent avoir atteint la majorité fixée par la loi française : l'autorisation des personnes sous l'autorité desquelles ils se trouvent ne pourrait pas suffire à compléter leur capacité à cet égard. Le principe général qui domine la matière, c'est que, pour choisir sa nationalité, quand la loi le permet, il faut jouir de la plénitude de sa liberté et de sa raison : cette règle est écrite en termes exprès dans l'art. 9, et dans toutes les lois sur la naturalisation, que j'examinerai plus tard.

L'art. 10 s'applique exclusivement au descendant direct du premier degré; le mot enfant est pris dans un sens restrictif.

Cet article 10, s'il ne parle que de l'enfant né en pays étranger, comme pouvant réclamer la qualité de Français perdue par son père, n'a pas prétendu exclure de ce bénéfice celui qui est né en France ; la disposition n'est en aucune manière limitative.

29. Pour déterminer si l'enfant d'un Français qui a perdu cette qualité aura besoin de recourir au bénéfice de l'art. 10, il est juste de considérer, non plus la naissance, comme dans le cas de l'article 9, mais bien la conception. En effet, comme le fait observer M. Dalloz avec beaucoup de raison, si le père d'un enfant conçu en légitime mariage meurt quelques jours après la conception, l'enfant naîtra Français comme son père. La nationalité transmise par la filiation, à la différence de celle qui est donnée par le lieu de naissance, est donc définitivement acquise du moment de la conception.

30. Le Code civil ne s'occupe pas de la naturalisation; le paragraphe que j'examine en ce moment parle du naturel français et ne serait nullement applicable à l'enfant d'un étranger naturalisé ayant perdu le bénéfice de l'acte qui lui avait donné la qualité de Français.

31. M. Demolombe, suivi par M. Dalloz, pense que cet article peut être invoqué par le fils d'une Française qui a épousé un étranger. Je ne puis partager cette opinion. C'est la filiation paternelle qui règle exclusivement la nationalité dans la loi française : il est donc sans importance aucune, dans cette matière, de savoir ce qu'était ou ce qu'a été la mère.

32. La qualité de naturel français ne peut dépendre d'une formalité administrative; l'assentiment du Gouvernement, ni aucune décision émanant de lui, par conséquent, n'est nécessaire dans les cas prévus par les articles 9 et 10; et, en fait, les articles n'ont jamais été entendus ni appliqués autrement par l'Administration. La déclaration doit être reçue par le maire dans la même forme que les actes de l'état civil, et il ne saurait dans aucun cas se refuser à la recevoir, sauf aux tribunaux à apprécier quelle en est la valeur et quels effets elle doit produire.

Cette forme, que j'indique comme la plus naturelle, ne me semble cependant pas sacramentelle; mais il est hors de doute que la déclaration, quelle qu'en soit la forme, doit être authentique et avoir, par suite, une date certaine.

Quelques auteurs, à l'appui de l'opinion qui vou-

lait faire intervenir l'Administration dans les déclarations autorisées par les articles 9 et 10, ont
rappelé ce qui s'était passé au conseil d'Etat,
quand a été discuté ce dernier article. On y aurait
manifesté la crainte que les enfants d'émigrés ne
profitassent de la bienveillante disposition de la loi ;
et, suivant Locré, on répondit que le Gouvernement pourrait toujours repousser la demande de
ceux dont la présence lui paraîtrait dangereuse (1).

Cet argument aurait sans doute une grande
force, mais il faut bien admettre que la question a
été mal posée ou mal comprise, puisque ce n'est
que par le décret du 17 mars 1809 que le Gouvernement a repris le droit de prononcer sur les naturalisations; il en était, au moment de cette discussion, complétement dessaisi : en vertu de quelle
analogie serait-il donc intervenu dans l'exécution
de l'article 10? On ne peut admettre qu'en présence
d'un texte muet, quelques mots échangés au conseil d'Etat eussent suffi pour l'investir de cette
prérogative. L'observation faite au conseil d'Etat
n'a donc pu avoir de sens, qu'en l'appliquant à un
pouvoir de haute police, qui aurait expulsé du
territoire ces fils d'émigrés.

33. De quel jour la qualité de Français appar-
tient-elle à l'enfant né en France d'un étranger?
Jusqu'à sa déclaration ou jusqu'au moment qui
accomplit sa 21e année, est-il Français sous une
condition suspensive ou résolutoire? Ainsi, par-

---

(1) *Législation civile*, t. II, sur l'art. 10.

ticipera-t-il à une succession ouverte en France,
dont les étrangers seraient exclus? Ainsi, l'enfant
naturel d'un Anglais né en France, sans droit sur
la succession de son père, suivant les lois de l'Angleterre, pourra-t-il se prévaloir, contre des colla-
téraux Français, des dispositions plus favorables
pour lui du Code civil? L'enfant naturel, non reconnu, né en France, pourra-t-il, avant d'avoir
fait sa déclaration, saisir les tribunaux d'une action
pour retrouver sa mère, si celle-ci est étrangère?

La controverse est fort animée sur cette question;
et le législateur a apporté par deux fois, dans les
lois du 22 mars 1849 et du 7 février 1851, des modifications, dont l'utilité peut être contestée, à
l'article 9 du Code civil, sans dissiper l'incurable
obscurité que cet article tient de sa mauvaise rédaction.

On peut dire que la déclaration dont parle l'article 9 n'a de valeur que parce qu'elle s'appuie sur
le fait de la naissance; elle devrait donc rétroagir
au moment où ce fait générateur du droit s'est
produit, et être considérée comme simplement dé-
clarative d'une qualité qui, résultant de la naissance sur le territoire, a existé au moment où ce
fait s'est produit. Il semble plus rationnel d'admettre qu'on naît, et non pas qu'on devient naturel
d'un pays. Enfin, l'article 20 du Code civil ne
parle pas des individus dont s'est occupé l'article 9 : comment aurait-il manqué de le faire, s'ils
ne devaient pas être assimilés en tout aux naturels
français par droit de naissance?

M. Dalloz, qui soutient une doctrine contraire,

fait observer que cet article 20 ne parle pas plus du cas prévu par l'article 21 que de l'article 9 ; mais on peut répondre par les paroles de M. Dalloz lui-même : « Ce texte (l'article 21), dit-il, n'est que l'application à un cas spécial du principe posé par l'article 17 (1) ; » et cela est parfaitement vrai : en est-il de même de l'article 9 ?

Sans doute, s'ils sont Français, c'est sous condition ; c'est la loi qui l'a voulu et elle l'a dit d'une manière trop expresse, pour ne pas faire céder les principes à un texte formel ; mais les principes reprennent leur empire, une fois dégagés de cette entrave, et la condition n'en existera pas moins, parce qu'elle sera résolutoire au lieu d'être suspensive. Peut-on attribuer une autre patrie que la France à celui qui est né sur le sol et qui peut, dit le texte, réclamer la qualité d'indigène aussitôt qu'il a atteint l'âge de la complète raison ? La condition qui pèse sur lui est donc résolutoire ; s'il laisse écouler l'année de sa majorité sans faire la déclaration exigée, il est déchu de sa qualité. En le décidant ainsi, on reste fidèle aux principes ; on ne voit pas un individu naître sans patrie, ou devenir, dans le cours de sa carrière, naturel d'un pays qui, jusqu'à ce moment, n'a pas été le sien ; et si, par sa négligence, il perd ses droits, cela est encore conforme aux règles générales, qui ont prévu et dû prévoir par quels moyens les Français pouvaient cesser de l'être.

---

(1) Répertoire, v° *Droit civil*, n° 568.

34. Ces raisons ne me semblent pas sans valeur, mais il ne faut pas oublier comment a été rédigé l'art. 9. La constitution, à cette époque, accordait encore au fils de l'étranger né en France les droits politiques : aussi on comprend aisément que le premier consul ait proposé cette rédaction, conforme, du reste, aux principes de l'ancien droit : « Tout individu né en France est Français. » Le Tribunat fit des observations ; des conférences furent ouvertes entre ce corps et le conseil d'État, et, au milieu du tiraillement des avis opposés, on perdit de vue la constitution, aussi bien que les autres articles du titre 1er du Code civil ; et l'art. 9 est tombé à la place qu'il occupe, comme un hors-d'œuvre. On avait à ce point oublié les autres dispositions de la loi dont il devait faire partie, qu'ainsi que je l'ai fait remarquer, on n'a plus songé à la lacune que laissait la suppression de l'article originaire, et nulle part le Code civil ne dit que l'enfant d'un Français né en France est Français ; cela seul explique aussi pourquoi, dans le deuxième paragraphe de l'art. 10, on ne parle encore que de l'enfant né en pays étranger : c'est que, dans la rédaction primitive, l'enfant né en France était toujours Français.

Il est impossible de ne pas tenir compte de pareilles circonstances dans l'interprétation à donner de cet article ; l'art. 20, dont je parlais tout à l'heure, est ainsi conçu : « Les individus qui recouvrent la « qualité de Français dans les cas prévus par les « art. 10, 18 et 19, ne pourront s'en prévaloir qu'a- « près avoir rempli les conditions qui leur sont im- « posées par ces articles, et seulement pour l'exer-

« cice des droits ouverts à leur profit depuis cette
« époque.» Si cet art. 9 n'était pas un véritable *amen-
dement improvisé*, suivant l'expression consacrée,
et qu'on eût songé à le mettre en harmonie avec les
autres dispositions de la loi, on ne peut mettre en
doute qu'on n'eût décidé, pour les individus dont il
s'occupe, qu'ils seraient assimilés à ceux dont parle
l'art. 10; ils sont évidemment dans une position
tout à fait identique, devenant Français par leur option et une déclaration semblable. En effet, quant à
eux, l'expression de l'art. 20, supposant qu'ils *recouvrent la qualité de Français*, ne peut pas être
exacte; cette qualité ne leur a jamais appartenu, ou
ils l'ont toujours eue, car ils n'ont rien fait pour la
perdre : on peut soutenir qu'ils l'*acquièrent,* non
qu'ils la *recouvrent.* Ce privilège donné par l'art. 9
est bien assez exorbitant pour ne pas y ajouter encore, et laisser à ces individus, tout à la fois, et tous
les avantages de la nationalité, et tous les avantages
de l'extranéité. Les droits qui rétroagissent engen-
drent des difficultés trop graves, pour que la doctrine et la jurisprudence ne soient pas d'accord afin
d'éviter de les étendre.

Cette opinion, que j'adopte, trouve un argument
nouveau dans la loi du 22 mars 1849 : j'ai dit qu'elle
relevait de la déchéance prononcée par l'art. 9 les
individus auxquels elle s'applique ; aucun délai ne
leur est imposé, et il est impossible d'admettre que,
pendant tout le cours d'une longue existence, ils
pourront tenir les droits des tiers en suspens. Il en
serait ainsi, si l'on décidait qu'ils recueilleront, en
attendant, tous les avantages de la nationalité fran-

çaise, sauf à en être dépouillés ; ou même si l'on se bornait à établir en leur faveur que leur déclaration fera résoudre les droits acquis à des tiers et auxquels leur qualité d'étranger ne leur avait pas permis de prétendre. Je ne mets donc pas en doute que les individus dont l'art. 9 et la loi du 22 mars 1849 ont réglé la position ne pourront, conformément aux principes posés par l'art. 20, se prévaloir de la qualité de Français, qu'*après avoir rempli les conditions qui leur sont imposées, et seulement pour l'exercice des droits ouverts à leur profit depuis cette époque*, et sous cette restriction, qu'un texte formel pourrait seul faire disparaître à leur profit, les uns et les autres, ainsi que les individus dont parle l'article 10, seront censés avoir toujours été Français, et, comme tels, par exemple, admissibles aux emplois qui seraient exclusivement réservés aux indigènes. S'ils meurent avant la déclaration, je ne crois pas, avec Toullier, qu'ils décèdent n'ayant jamais été Français ; mais ils n'ont pas rempli la condition qui leur était imposée, rien ne prouve évidemment qu'ils l'eussent remplie : ils meurent donc n'ayant jamais pu se prévaloir de la qualité que leur déclaration eût suffi pour leur attribuer d'une manière utile.

Cette interprétation, qui concilie les deux systèmes, conforme aux principes généraux du droit, confirmée par la loi du 22 mars 1849, reçoit une consécration nouvelle par la loi du 21 mars 1832, sur le recrutement ; les fils d'étrangers nés en France n'y sont soumis qu'après avoir fait leur déclaration : exempts jusque-là de toutes charges, il ne peuvent profiter des bénéfices. Je ne crois pas, à coup sûr, qu'il soit permis d'ajouter à la loi et moins encore de la changer ; mais quand elle est complétement muette sur une question que le texte fait naître nécessairement, force est bien à la doctrine de chercher une interprétation et de la donner équitable.

35. La loi du 7 février 1851 est venue apporter encore une modification à l'art. 9 du Code civil ; elle est ainsi conçue : « Est Français tout individu « né en France d'un étranger, qui lui-même y est « né, à moins que dans l'année qui suivra l'époque « de sa majorité, telle qu'elle est fixée par la loi française, il ne réclame la qualité d'étranger par une « déclaration faite, soit devant l'autorité municipale du lieu de sa résidence, soit devant les agents « diplomatiques ou consulaires accrédités en France « par le gouvernement étranger. »

Les individus auxquels cette loi s'applique jusqu'à présent avaient été exclusivement régis par l'art. 9 du Code civil ; s'ils sont Français, et le législateur n'hésite pas à le reconnaître, il faut bien admettre que tous ceux qui étaient dans la même situation légale ont une nationalité semblable ; on ne peut faire à cet égard des catégories, mais tous sous la réserve des droits des tiers.

Les individus nés en France d'un étranger, qui lui-même y est né, acquièrent donc, par la seule inaction, la qualité irrévocable de Français ; c'est pour être étrangers qu'ils sont tenus de faire la déclaration prescrite par la loi que je viens de citer. La disposition du Code civil est, pour ainsi dire, à leur égard, retournée. Cette règle s'applique indéfiniment à toutes les générations, à partir de la seconde.

36. Ces individus ne pourront se prévaloir de la qualité de Français, d'après les principes que j'ai exposés plus haut, qu'à l'expiration de l'année qui suivra l'époque de leur majorité. Si l'on pouvait entendre la loi dans ce sens, qu'elle leur interdit de faire, avant cette époque, la déclaration affirmative que le Code civil autorisait, à quelques égards, leur condition aurait empiré. C'est évidemment ce que n'a pas voulu le législateur. Il faut donc admettre que, du moment qu'ils auront fait la déclaration permise par l'art. 9, et dont ils ne sont pas exclus, ils deviennent irrévocablement Français, et sont, je n'ai pas besoin de le dire, déchus du droit de répudiation que leur ouvrait la loi de 1851. Faute par eux de faire cette déclaration affirmative, leur silence suffit, à l'expiration du délai fixé, pour amener le même résultat.

37. Une loi du 9-15 décembre 1790 porte : « Toutes personnes qui, nées en pays étranger, descendent, en quelque degré que ce soit, d'un Français ou d'une Française expatriés pour cause de religion, sont déclarés naturels français et jouiront des droits attachés à cette qualité, si elles reviennent en France, y fixent leur domicile et prêtent le serment civique.

« Les fils de famille ne pourront user de ce droit « sans le consentement de leur père, mère, aïeul ou

« aïeule, qu'autant qu'ils seront majeurs et jouissant
« de leurs droits. »

La constitution de 1791 a confirmé cette disposition : s'il est douteux que la constitution pût encore être invoquée, quoique cette règle qu'elle
contenait n'ait été abrogée par aucune disposition
postérieure, la loi spéciale est certainement restée
en vigueur ; son application peut donner lieu à quelques difficultés.

38. Je n'ai pas besoin de rappeler les effets de
l'acte par lequel Louis XIV, au mois d'octobre
1685, a révoqué le fameux édit de Nantes donné
par son aïeul Henri IV ; sous la pression des mesures vexatoires auxquelles ils furent soumis, un
grand nombre de protestants cherchèrent un re-
fuge en pays étranger ; aussi Regnault (de Saint-
Jean-d'Angély), disait-il au conseil d'État que les
religionnaires n'avaient jamais abdiqué leur qualité
de Français, mais qu'ils avaient été forcés de s'expatrier.

L'établissement en pays étranger, avec esprit de
retour, ne fait pas perdre au Français sa nationalité ; il la transmet intacte à ses enfants, et les descendants des religionnaires auraient pu demander
à la jurisprudence de leur reconnaître une qualité
qu'ils avaient dû conserver. Le rapporteur disait
à l'Assemblée constituante : « Lorsque des lois ty-
« ranniques ont méconnu les premiers droits de
« l'homme, la liberté des opinions et le droit d'émi-
« grer ; lorsqu'un prince absolu fait garder par des
« troupes les frontières comme les portes d'une
« prison, ou fait servir sur les galères avec des scé-

« lérats, des hommes qui ont une coyance diffé-
« rente de la sienne, certes, alors, la loi naturelle
« reprend son empire sur la loi politique ; les ci-
« toyens dispersés sur une terre étrangère ne ces-
« sent pas un instant, aux yeux de la loi, d'apparte-
« nir à la patrie qu'ils ont quittée. Cette maxime
« d'équité honora la législation romaine et doit im-
« mortaliser la nôtre. »

On comprit, toutefois, que de pareils principes
pouvaient être contestés ; ce que l'on appelle la loi
naturelle mise en opposition avec des textes posi-
tifs, est une garantie insuffisante, et l'édit du 5 mai
1669, renouvelé en 1685, 1698, 1699, 1704 et 1713,
avait déclaré étranger tout Français qui sortait du
royaume sans la permission du roi. Le pouvoir législatif intervint donc avec raison, armé de sa toute-
puissance, pour annuler les effets des actes que je
viens de rappeler. La loi du 15 décembre 1790 em-
pêcha qu'on pût discuter, non-seulement le séjour,
mais encore tous les actes accomplis pendant ce
long exil ; elle rendit le bienfait applicable aux descendants mêmes des femmes ; aucun fait ne pouvant
être reproché aux hommes, on ne put pas non plus
reprocher à celles-ci leur mariage avec un étranger
et la nationalité, dans ce cas particulier, se conserva
pour elles et par elles à l'égard de leurs descendants : « Toutes personnes, dit la loi, qui, nées en
pays étranger, descendent en quelque degré que ce
soit, d'un Français ou d'une Française expatrié
pour cause de religion, sont déclarés naturels français. »

.La loi a donc voulu faire, pour toutes les person-

3

nes auxquelles elle s'applique, ce que la jurisprudence aurait pu faire peut-être pour quelques-unes
d'entre elles ; et ce que les parlements eux-mêmes
avaient cherché à faire en mainte occasion, en tâ-
chant de tourner ou d'éluder les dispositions de la
législation en vigueur; elle ne leur accorde pas un
droit ; elle reconnaît, et déclare, au besoin, qu'il
existe; elle les assimile complétement, ainsi que cela
résulte de la manière la plus explicite des termes
du rapport, aux individus nés sur le sol français
d'ancêtres qui ne l'ont pas quitté depuis 1685, date
de l'édit qui a forcé leurs auteurs à s'expatrier. Mais
cette loi, comme celle du 2 mai 1790, que j'aurai
occasion d'examiner tout à l'heure, fait une distinction entre la qualité de Français, que l'on tient de sa
naissance et le titre de citoyen que la loi politique
n'accorde jamais que sous certaines conditions;
aussi, le texte ajoute au paragraphe, que j'ai cité
tout à l'heure : « et jouiront des droits attachés à
« cette qualité, si elles reviennent en France, y
« fixent leur domicile et prêtent le serment civi-
« que ». La loi ne prononce plus au présent; elle
emploie la forme du futur, parce que le bénéfice
qu'elle accorde dans ce deuxième paragraphe, doit
être précédé de certaines conditions et est soumis
à leur accomplissement.

J'examinerai, plus tard, d'une manière complète,
la question de savoir si la qualité de Français n'est
pas tout à fait indépendante de celle de citoyen (voir
nᵒˢ 96 et suiv.) et l'affirmative, quant à moi, ne me
semble pas douteuse. La Constitution de 1791 qui
ne s'occupait des Français, qu'au point de vue de

l'exercice des droits de citoyen, n'a rappelé que
la partie de cette loi qui y a trait particulièrement,
comme elle n'a rappelé également que la partie politique de la loi du 2 mai 1790, sur la naturalisation
des étrangers; et les descendants des religionnaires
ont été reconnus indigènes, sauf à eux, s'ils voulaient
exercer les droits attachés au titre de citoyen, à
se soumettre aux règles que la loi leur imposait et
qui ont pu sans difficulté être modifiées par une législation postérieure, tandis qu'il n'était plus possible, sans encourir, de la manière la plus flagrante,
le reproche de rétroactivité, d'enlever aux personnes
désignées dans la loi, la qualité de naturels français, dont ils avaient incontestablement joui du jour
de sa promulgation.

39. La loi a donc déclaré, pour toutes les personnes nées au moment où elle a été rendue, et justifiant qu'elles descendent de religionnaires fugitifs,
qu'ils sont naturels français; elle a, en outre, par
là même, déclaré qu'aucun fait ne pouvait leur être
reproché, soit à eux, soit à leurs auteurs, qui aurait eu pour effet, en droit commun, de faire perdre
à un Français sa nationalité; mais elle statue pour
le présent et le passé; elle assimile les individus
dont elle s'occupe aux naturels français, et, dès
lors, ils seront désormais soumis au droit commun.
Si, depuis le 15 décembre 1790, ils n'ont rien fait
qui ait pu leur faire perdre la qualité de naturel
français, leurs enfants sont Français comme eux;
dans le cas contraire, ils peuvent demander, comme
tout autre Français, leur réintégration dans les formes, et sous les conditions tracées par la loi et que

3.

j'expliquerai au paragraphe 3, et leurs enfants au premier degré pourront invoquer le bénéfice de l'art. 10 du Code civil.

Cette manière d'entendre la loi lève, je crois, toute difficulté ; elle a été consacrée par la Cour de cassation. La Cour a décidé que la loi de 1790, en abrogeant les lois antérieures, replaçait les religionnaires fugitifs dans la même classe que tous les autres Français sortis de France, et qui conservent leur qualité, sans avoir besoin de rentrer dans leur patrie, sans être tenus à aucune formalité, pourvu qu'ils ne fassent rien pour perdre leur nationalité (1).

40. Je ne comprendrais pas que cette manière d'interpréter la loi pût être sérieusement contestée; en ouvrant aux religionnaires les portes de la France; en les relevant, non-seulement de toute disposition qui pouvait frapper leurs personnes et leurs biens, mais de toutes les incapacités qui auraient pu résulter de leurs actes mêmes, accomplis depuis 1685 jusqu'en 1790, la loi s'est montrée aussi large que possible, et elle n'a pu faire de ces religionnaires une race privilégiée qui devait désormais et pour toute la suite des âges, n'être pas soumise aux mêmes lois que tous les autres Français.

Cette interprétation, évidemment, permet encore aujourd'hui aux enfants des religionnaires existant à la date de la loi, d'en réclamer le bénéfice ; ainsi, je ne puis voir rien de contraire à cette

_____

(1) Cour de cassation, 13 juin 1811, rejet.

doctrine, dans l'arrêt de la Cour de Paris, du 29 septembre 1847 ; mais sous la condition expresse qu'on ne puisse rien reprocher à eux ou à leurs auteurs, depuis 1790, qui soit de nature à faire perdre à tout autre Français le bénéfice de sa nationalité.

§ 2. *Des circonstances qui font perdre la qualité de Français.*

41. Le Code civil a prévu diverses circonstances qui font perdre la qualité de naturel français.

L'art. 17 du Code civil porte : « La qualité de « Français se perdra : 1° par la naturalisation acquise en pays étranger ;

« 2° Par l'acceptation non autorisée par le roi « de fonctions publiques conférées par un Gouver- « nement étranger ;

« 3° Enfin, par tout établissement fait en pays « étranger sans esprit de retour.

« Les établissements de commerce ne pourront « jamais être considérés comme ayant été faits sans « esprit de retour. »

42. L'art. 17 du Code civil parle de la naturalisation acquise en pays étranger d'une manière générale et sans distinguer entre les Français qui l'auraient sollicitée, et ceux, peut-être, qui pouvaient l'avoir acquise de plein droit par un simple séjour ; sans distinguer également entre ceux qui auraient demandé au Gouvernement français une autorisa-

tion spéciale à cet effet, et ceux qui n'auraient pas
accompli cette formalité (1).

43. L'autorisation accordée par le Gouvernement à un Français de se faire naturaliser en pays
étranger est une création du décret du 26 août 1811;
on a souvent mis en question s'il devait être regardé,
ainsi que celui du 6 avril 1809, comme étant encore
en vigueur. La plupart des auteurs, la jurisprudence
constatée par de nombreux arrêts (2), le conseil
d'Etat, s'accordent pour reconnaître le décret comme
subsistant encore, au moins dans toutes ses dispositions, qui n'ont pas été formellement abrogées par
des lois postérieures.

Des pénalités portées dans le décret, la confisca-
tion est aujourd'hui abolie ; la perte des titres de
noblesse n'a plus d'objet; mais l'art. 9 parle des
biens qui seraient attachés à ces titres, comme ma-
jorats, et dont la transmission est encore réglée par
des lois exceptionnelles ; ces biens seront dévolus à
la personne restée Française, appelée à les recueillir,
selon les principes de la matière, à défaut de la
personne qui est déchue. L'art. 10 ordonne, en
outre, la perte des décorations. L'art. 6 décide que
la personne frappée par le décret n'aura plus le
droit de succéder. Cette disposition a-t-elle été abrogée par la loi qui a fait disparaître, en faveur des
étrangers, le droit d'aubaine ? Il est au moins per-

---

(1) *Voy.* Constitution de 1791, art. 6 ; Constitution de 1793, art. 5;
Constitution de l'an III, art. 12 ; Constitution de l'an VIII, art. 4.
(2) Cour de cassation, 14 mai 1834, rejet; Toulouse, 18 juin 1841 ;
Poitiers, 25 juillet 1843; Pau, 19 mars 1834; Paris, 1er février 1836

mis d'en douter, et le décret de 1811 établit de la
manière la plus formelle qu'il n'a pas voulu assimiler aux étrangers le Français qui a abdiqué sa patrie. Enfin, l'art. 11 porte que si les Français naturalisés en pays étranger sont trouvés sur le territoire français, ils seront, pour la première fois, ar-
rêtés et reconduits au delà de la frontière, et, en
cas de récidive, condamnés à l'emprisonnement.
Ces dispositions n'ont rien d'inconciliable avec les
lois intervenues postérieurement.

Les Gouvernements qui se sont succédé en
France paraissent n'avoir jamais mis en question
l'existence des décrets. C'est en conformité de ces décrets qu'a été publiée l'ordonnance du 10 avril 1823,
relative aux Français qui feraient partie des corps militaires en Espagne. Une ordonnance du 19 juin 1814
rendue en exécution d'articles additionnels du traité
du 30 mai 1814, par une disposition qu'on peut assimiler à une amnistie, annule certains arrêts ou
jugements prononcés en vertu des décrets, mais ne
touche en rien à la question de leur validité même.
A peu près à la même époque, l'ordonnance du 8
octobre 1814, qui règle les droits de sceau à payer
pour les différents actes exigeant la concession de
lettres-patentes, parle de l'autorisation de se faire
naturaliser à l'étranger, et, par là, se reporte au décret de 1811 ; la loi des finances du 22 avril 1816 a
rappelé ces actes et les droits de sceau auxquels ils
étaient soumis. Aussi, sous le gouvernement de la
Restauration, de pareilles autorisations ont-elles
été accordées. Après 1830, le Gouvernement a paru
hésiter à suivre ces précédents ; mais il était difficile

de rejeter les demandes pressantes qui lui étaient adressées par des Français dont les intérêts pouvaient être, par ce refus, gravement compromis, sans que l'Administration eût la possibilité de les garantir contre les effets qu'ils redoutaient. Le conseil d'État consulté, persistant dans l'opinion qu'il a toujours soutenue, répondit (1) que le décret du 26 août 1811 n'était pas abrogé, et que, jusqu'à ce que cette abrogation eût été prononcée, il y avait lieu, par le Gouvernement, de prendre en considération les intérêts privés qui lui étaient soumis, et de délivrer, selon les cas, les autorisations qui lui seraient demandées (2).

44. Au reste, je n'ai nullement l'intention d'approfondir la question de l'abrogation des décrets dont il s'agit. Le plan que je me suis tracé ne m'y oblige nullement. Je me borne à rappeler que les autorisations de se faire naturaliser sont encore, selon les cas, délivrées par le Gouvernement ; mais qu'un pareil acte, s'il a pour effet d'exempter celui qui l'a obtenu des peines édictées par une législation spéciale, le laisse, quant à la perte de la qualité de Français dans une position identique à celle où se trouverait, à cet égard, tout autre Français.

---

(1) Avis du 26 mai 1842.

(2) Un grand nombre de législations étrangères ont adopté le principe, en vertu duquel un gouvernement permet à ses nationaux de se faire naturaliser en pays étranger ; les formes des actes délivrés à cet effet et les conditions sous lesquelles ils sont délivrés varient selon les pays; on peut citer l'Autriche, la Bavière, Hesse-Darmstadt, Hesse-Électorale, la Hongrie, Nassau, la Prusse, la Sardaigne, la Suède et d'autres encore peut-être.

Une formule vicieuse avait introduit dans quelques-
uns des actes d'autorisation : « sans qu'à raison de
« ce, il perde la qualité et les priviléges de citoyen
« français, dont il continuera de jouir, nonobstant
« cette naturalisation. » Cette rédaction, toute différente de celle qu'avait tracée le décret du 9 décembre 1811, a été abandonnée depuis fort long-
temps, mais elle n'avait pas d'autre valeur que
d'exempter le Français autorisé des pénalités pro-
noncées par les décrets ; elle ne pouvait abroger,
en ce qui concernait les personnes désignées, une
disposition formelle du Code civil.

45. Ces décrets, dans aucun cas, ne s'appliquaient
aux femmes. Ainsi l'a décidé un avis du conseil
d'Etat (1). Un autre avis (2) avait décidé également
qu'ils n'atteignaient pas les descendants de religionnaires fugitifs, lorsque ceux-ci n'avaient témoi-
gné encore, par aucun acte, qu'ils entendaient profiter du bénéfice de la loi du 15 décembre 1790.

46. Aucune distinction ne peut également être
établie en se fondant sur l'intention qui a présidé à
l'abandon fait par le Français de sa qualité (3).
Ainsi, dans certaines contrées, les lois qui y sont en
vigueur ont rendu nécessaire pour lui, peut-être,
l'acquisition du titre de citoyen, afin de pouvoir se
livrer avec sécurité aux opérations commerciales
qu'il aura entreprises, ou pour tout autre motif lé-

---

(1) 22 mai 1812.
(2) 21 janvier 1812.
(3) Cour de cassation, 17 juillet 1826. Cass.

gitime, et sans qu'il ait perdu l'esprit de retour. La loi n'a pas distingué et ne permet pas au juge de le faire ; ces considérations pourront être invoquées plus tard à l'appui d'une demande en réintégration.

47. Je rappellerai bientôt que, sous la règle des constitutions intermédiaires, qui ont succédé à l'ancienne monarchie, la naturalisation venait saisir, dans certaines circonstances déterminées, les étrangers résidant en France, sans qu'ils eussent exprimé d'une manière formelle leur volonté à cet égard. Si un Français s'établit en pays étranger, sous l'empire d'une législation analogue, il est censé la connaître et accepter les conséquences de la loi à laquelle il s'est volontairement soumis. L'acceptation est tacite, mais elle n'en existe pas moins. L'art. 17 sera donc applicable. Je ne puis être, à cet égard, de l'avis soutenu par M. Dalloz (1), avis qui a été implicitement condamné par les arrêts qui ont déclaré naturalisés les étrangers établis en France sous les lois dont je viens de rappeler l'esprit. Je renvoie, pour cette difficulté, à ce que je dirai plus tard, n° 98 et suiv., car cette question, sous deux faces, est évidemment la même.

48. Les lois de certaines puissances pourraient, au moins quelquefois, naturaliser même un mineur, en prononçant en même temps la naturalisation de son père; dans ce cas, cette naturalisation ferait-elle perdre au mineur la qualité de Français, si, arrivé à sa majorité, il renonçait au bénéfice de cet acte, et

---

(1) Répertoire, v° *Droits civils*, n° 514.

déclarait, à la mairie de son domicile, en France,
ou devant les agents diplomatiques ou consulaires à
l'étranger, l'intention de rester Français ? Je crois
qu'une déclaration semblable, par analogie à ce qui
est prescrit par l'art. 9 du C. civ., faite dans l'année
de la majorité, devrait faire considérer le réclamant
comme n'ayant jamais cessé d'être Français. On ne
pourrait lui reprocher avec justice ce qu'il aurait
fait en état de minorité, avant l'âge de discer-
nement, et sous l'influence, sans doute, de l'autorité
paternelle.

49. La concession de certains droits et priviléges,
ou bien des actes préparatoires, sont insuffisants
pour faire encourir une déchéance attachée à la
seule naturalisation complète et accomplie. La question avait déjà été jugée dans ce sens sous l'ancienne
jurisprudence. Dans quelques contrées, la loi peut
autoriser des mesures analogues, par exemple, à
celle qui admet un étranger à établir son domicile
en France, conformément à l'art. 13 du Code civil ;
l'art. 17 ne serait pas applicable dans ce cas. Ainsi,
tous les auteurs ont cité l'exemple de l'Angleterre,
où la naturalisation véritable et complète ne s'acquiert que par acte du Parlement ; mais il existe des
actes royaux, dits lettres de *denization*, qui ont pour
effet de donner aux étrangers quelques priviléges,
dont ils sont privés par le droit commun, sans
conférer toutefois la qualité d'Anglais. Une pareille
mesure ne peut entraîner, pour un Français, la
perte de la nationalité (1).

_____

(1) Cour de cassation, 19 janvier 1819; cassation, 29 août 1822, rejet.

50. Dans certains pays, en Sardaigne, entre autres, les conseils municipaux peuvent, avec la simple
autorisation du ministre de l'intérieur, accorder,
même à un étranger, le titre de citoyen de la ville
qu'ils administrent. Ce titre est purement honorifique; il n'exige aucune formalité, ne confère aucun
droit, et n'impose aucun devoir. Il n'existerait pas
d'incompatibilité entre un pareil titre et la qualité
de Français.

Dans d'autres Etats, le titre de citoyen et de bourgeois d'une ville pourrait avoir des effets plus mar-
qués; toutefois, en me reportant à ce j'ai dit dans
le dernier paragraphe, il y aura lieu de décider qu'il
peut être accepté, pourvu qu'il n'assimile pas complétement le Français, qui en est revêtu, aux habitants du pays, et ne lui confère pas une véritable
naturalisation.

Il est impossible, à cet égard, de poser une règle
générale; la solution doit dépendre de l'examen at-
tentif de la législation étrangère; ainsi, dans une
espèce, après avoir étudié les dispositions de la législation qui régit la ville de Hambourg, on a dû
décider que le droit de grande bourgeoisie obtenu
dans cette ville ne conférait pas la naturalisation et
était, par suite, impuissant à faire perdre la qualité
de Français (**1**).

51. Les fonctions publiques dont l'acceptation,
suivant le deuxième paragraphe de l'art. 17, doit
entraîner la perte de la qualité de Français, com-

---

(1) Ord. du conseil d'Etat du 18 novembre 1842.

prennent toutes les fonctions politiques, administratives ou judiciaires ; c'est l'énumération contenue
dans le décret du 6 avril 1809; elle n'a pas été res-
treinte par le décret postérieur du 26 août 1811, et
doit être regardée comme interprétant justement
l'expression dont s'est servi l'art. 17 du Code civil ;
mais un avis du conseil d'Etat, du 21 janvier 1812,
exagérant la rigueur, déjà excessive, du décret de
1811, a assimilé l'acceptation d'un titre purement
honorifique à la naturalisation; et a décidé, en outre,
que la prohibition d'accepter aucune fonction, ne
comprenait pas seulement les fonctions politiques,
administratives ou judiciaires, mais encore le service d'honneur auprès d'un prince étranger ; le travail de commis de bureau, qui ne serait même pas à
la nomination du Gouvernement ; en un mot, toute
fonction dans une administration publique étrangère.

52. Je ne crois pas que cette interprétation puisse
être obligatoire pour les tribunaux ; si les fonctions
remplies à l'étranger n'ont pas été conférées directement par le Gouvernement, elles ne rentrent pas, évidemment, dans les termes de l'art. 17, et rien ne prouve qu'à cet égard, le décret de 1811 ait voulu enchérir
sur le Code civil. Quant à un service d'honneur auprès d'un prince étranger, il est certain que s'il constitue une fonction réelle, il n'y a aucune raison pour
ne le pas assimiler à une fonction administrative ou
judiciaire ; mais l'acceptation de titres purement honorifiques, de décorations, de dignités tout à fait sans
fonctions, ne peut entraîner la perte de la nationalité. Journellement, des décorations françaises sont
accordées à des étrangers ; avant l'abolition de la no-

blesse, des titres leur avaient parfois également été concédés ; comment n'admettrait-on pas la réciprocité pour des Français? Cette réciprocité, au reste, a été formellement reconnue; des Français ayant obtenu des titres étrangers recevaient par lettres patentes, dont les frais ont été fixés par une ordonnance du 31 janvier 1819, l'autorisation de les porter en France. Il n'y a rien d'incompatible entre ces distinctions et la qualité de Français ; et, en outre, aucune disposition de loi n'a prévu et défendu une pareille chose.

La Cour de cassation a eu occasion de déclarer déchu de la qualité de Français, un individu ayant accepté les titres d'assesseur de collége et de conseiller aulique, qui lui donnaient rang dans la noblesse russe, et prêté, en outre, un serment incompatible avec les devoirs d'un Français (1). Je parlerai tout à l'heure du serment ; quant aux titres, il faut admettre qu'ils représentaient une fonction réelle dans la constitution générale de l'empire russe : purement honorifiques, ils n'auraient pu avoir l'effet constaté par l'arrêt. Les titres, comme les décorations, peuvent n'être que d'honorables distinctions accordées à des Français, dont le nom est devenu célèbre ; et je ne vois pas pourquoi, dans le silence de la loi, la doctrine s'opposerait à cet hommage rendu à nos illustrations.

53. Il n'est pas rare que des négociants français soient revêtus, en France, de la qualité de consul.

---

(1) Cour de cassation, 14 mai 1834, rejet.

d'une puissance étrangère. Quelques auteurs ont cru que de pareilles fonctions tombaient sous l'application du n° 2 de l'art. 17 du Cod. civ. C'est une erreur. L'*exequatur*, auquel est subordonnée l'admission de tous les consuls étrangers, n'est expédié pour les Français, qu'à la condition expresse qu'ils ne pourront se prévaloir de leur titre officiel, ni pour faire aucun acte de juridiction, ni pour se soustraire, en quoi que ce soit, aux obligations qui leur sont imposées, comme citoyens, par les lois françaises, et qu'ils ne cessent pas de remplir. Ces réserves, en consacrant le maintien de la nationalité, rendent superflue une autorisation expresse d'accepter les fonctions qui les motivent, puisque l'acte dans lequel elles sont inscrites, n'est lui-même qu'une permission donnée par le pouvoir exécutif pour exercer librement l'emploi de consul étranger. L'autorisation, si elle était jugée nécessaire, serait donc accordée ici sur la proposition du ministre des affaires étrangères, au lieu de l'être sur la proposition du ministre de la justice, et dans une autre forme ; mais elle n'en existerait pas moins. Les Français dans cette position, ne pourraient se prévaloir d'aucun privilége pour se soustraire à toutes les charges qui pèsent sur leurs compatriotes, et s'ils ont été exemptés quelquefois du service de la garde nationale, c'est comme magistrats, non comme étrangers (1) ; l'immunité n'existe que pour leur chancellerie, non pour leur personne.

---

(1) Cour de cassation, 25 août 1832 et 26 avril 1834.

Je n'ai pas besoin d'ajouter qu'il en serait tout autrement des fonctions de consul conférées par un gouvernement étranger et exercées auprès d'une autre puissance que la France.

54. La décision, en ce qui concerne les fonctions consulaires, est justifiée, parce que les règles de la matière ont établi une distinction assez tranchée entre ces fonctions et les fonctions diplomatiques. En effet, le titre de consul n'entraîne pas nécessairement l'immunité personnelle pour celui qui en est revêtu, parce qu'il ne représente pas le souverain étranger, et n'est qu'un simple mandataire pour des affaires spéciales. Aussi, la question reste entière pour savoir si un Français peut et doit être autorisé à remplir, en France, des fonctions diplomatiques conférées par un Gouvernement étranger.

Il est peu probable que le Gouvernement français accordât une pareille autorisation, puisqu'il ne pourrait, à la faveur d'aucune stipulation, porter atteinte au privilége d'ordre public et du droit des gens qui couvre les agents diplomatiques.

En outre des raisons de doctrine, on doit mentionner encore le décret de 1811; il porte, art. 24 : « Les Français au service d'une puissance étran- « gère ne pourront jamais être accrédités comme « ambassadeurs, ministres ou envoyés auprès de no- « tre personne, ni reçus comme chargés de missions « d'apparat qui les mettraient dans le cas de paraî- « tre devant nous avec leur costume étranger. »

Cette disposition crée un obstacle invincible à ce que ces fonctions, remplies même en France, n'en-

traînent pas, dans tous les cas, la perte de la nationalité : le texte est formel.

55. L'énumération comprise dans cet article n'est
pas limitative; ainsi, il ne nomme pas les *chargés
d'affaires*. Il est certain que le texte s'applique
à tout les envoyé officiel et reconnu d'une puissance étrangère, remplissant le rôle et tenant la
place d'un ambassadeur, quelle que soit, du reste,
la dénomination que les usages ou l'étiquette lui attribuent. Il n'en saurait être de même pour toutes
les personnes attachées, à un titre quelconque, à la
personne du représentant d'une puissance étrangère,
tels que secrétaires de légations ou autres. Une demande en autorisation pour remplir de pareilles
fonctions pourrait être rejetée par l'autorité administrative, parce que ces agents inférieurs partici-
pent, dans une certaine mesure, au privilége diplo-
matique; mais l'autorisation accordée ne pourrait
plus être considérée par l'autorité judiciaire comme
contraire à la loi; les considérations qui auraient
pu diriger le Gouvernement échapperait évidemment à l'appréciation des tribunaux.

56. Les fonctions de consul, comme les fonctions
diplomatiques, peuvent être remplies à l'étranger
par des Français, avec l'autorisation du Gouvernement, accordée sur la proposition du ministre de la
justice; mais le décret de 1811 s'oppose (art. 20)
à ce que les Français ainsi autorisés agissent comme
ministres plénipotentiaires dans aucun traité, où
les intérêts de la France pourraient être débattus.
On ne se rend pas bien compte du motif qui a dicté
cette disposition, en se plaçant même au point de

vue du législateur de cette époque. La France paraît avoir tout à gagner à ce que ses intérêts soient débattus par ses enfants. Mais la loi est formelle, et il devrait résulter d'une contravention à cette disposition, la déchéance de l'autorisation donnée à un Français d'exercer à l'étranger les fonctions diplomatiques, quelque rigoureuse que puisse paraître une pareille disposition.

57. Deux arrêts de rejet de la Cour de cassation ont décidé que l'acceptation en pays étranger de fonctions se rattachant exclusivement au culte , n'entraînait pas la perte de la qualité de Français (1). Il n'en est pas de même de l'acceptation d'un évêché *in partibus*. Un décret du 7 janvier 1808 porte : Art. 1ᵉʳ. « *En exécution de l'art.* 17 *du Code civil*, nul « ecclésiastique français ne pourra poursuivre ni « accepter la collation d'un évêché *in partibus* faite « par le pape, s'il n'y a été préalablement autorisé « par nous, sur le rapport de notre ministre des « cultes. »

Le titre d'évêque *in partibus* impose sans doute, à celui qui l'a accepté, des obligations bien plus restreintes encore que les fonctions actives , et l'on serait, au premier abord, porté à conclure des termes du décret, des conséquences entièrement opposées aux décisions que je viens de rappeler de la Cour de cassation : mais, il est à croire que ce sont d'autres préoccupations que les termes de l'art. 17 du Code civil, qui ont inspiré ce décret. Les évêques *in par-*

---

(1) 15 novembre 1836 et 17 novembre 1818.

tibus peuvent, concurremment avec les évêques ré-
sidents, exercer, en France, sous certaines conditions, les fonctions que les canons de l'Eglise latine
attribuent à ces hauts dignitaires. Le Gouvernement qui, de tout temps, a craint les empiètements
de la cour de Rome, a voulu prendre une précaution
nouvelle pour s'en garantir; mais il ne peut y avoir
lieu d'étendre les dispositions du décret, dont les
termes doivent être appliqués dans les limites qu'il
s'est imposées.

58. La profession de médecin ne constitue pas
une fonction publique. Je ne pense pas même, ainsi
que l'a dit Merlin, que le seul fait d'être attaché à un
hôpital civil fasse encourir, de plein droit au médecin, la perte de la nationalité. Mais il ne faut pas cependant considérer la qualité de médecin comme
donnant un privilége; pas plus que la profession
d'avocat qui, en thèse générale, n'entraîne pas la
perte de la nationalité (1), ou toute autre profession
libérale. Si, en raison de cet art libéral, celui qui
l'exerce est nommé par un gouvernement étranger
à un poste déterminé, le juge devra examiner les
circonstances et décider quelquefois que l'art. 17 du
Code civil est applicable, ainsi que pour l'exercice
de toute fonction se rattachant à l'enseignement public, quelque faveur qui soit due à cette circonstance.
Il ne faut pas oublier que la loi n'a point prononcé
de prohibition absolue; elle a voulu seulement que
l'autorisation d'accepter fût sollicitée; et même,

---

(1) Montpellier, 12 juillet 1826.

4.

après que ses dispositions ont été méprisées, elle autorise la réintégration de l'ancien Français dans la qualité qu'il a perdue. C'est donc, je ne dis pas sans scrupule, mais même sans regret, que le juge peut appliquer la loi, quand les circonstances sont telles qu'il lui semble que la déchéance a été vraiment encourue par le Français expatrié.

Le traitement attaché aux fonctions conférées par le gouvernement étranger ; le serment auquel elles obligent peuvent être des éléments d'appréciation ; mais à eux seuls ces faits ne constituent pas une cause de déchéance ; ils peuvent seulement aider à reconnaître la nature des fonctions auxquelles ils se rattachent, et les conséquences, par suite, qu'elles doivent faire encourir au Français qui les a acceptées.

59. Un arrêt de la Cour de cassation (1) a décidé que le serment de sujétion devait entraîner la perte de la qualité de Français; mais, dans l'espèce, le serment était une suite, une conséquence de fonctions conférées par un gouvernement étranger, et je laisse de côté un grand nombre d'autres circonstances qui rendaient cette affaire extrêmement compliquée ; la question du serment était aussi loin que possible de se présenter d'une manière nette et simple.

J'ai dit tout à l'heure que le serment pouvait être une circonstance accessoire méritant d'être appré-

---

(1) 14 mai 1834; rejet.

ciée, dans le cas où il y aurait doute pour décider si des fonctions remplies à l'étranger par un Français, doivent, aux termes de l'art. 17, lui faire perdre sa nationalité. S'il y avait doute également, pour savoir si un établissement hors de France est fait sans esprit de retour, le serment prêté par le Français pourrait être aussi relevé contre lui. Mais le serment de sujétion, dégagé de tout autre fait, doit-il nécessairement entraîner pour le Français qui l'a prêté la perte de sa nationalité?

Il semble, au premier abord, qu'il y ait incompatibilité entre la qualité de Français et un serment de sujétion prêté à un Gouvernement étranger; mais, après y avoir réfléchi, on ne peut croire cependant que cette incompatibilité soit telle, que, dans le silence le plus complet de la loi, il soit permis de prononcer une déchéance, en se fondant exclusivement sur un sentiment plus ou moins favorable qu'éprouvera le juge : on ne fait pas du droit, et moins encore des arrêts, avec du sentiment.

Si la loi avait admis qu'on eût le droit de renoncer à sa nationalité par un simple acte de sa volonté, le serment de sujétion pourrait être considéré comme une manifestation suffisante pour l'établir. La loi ne l'a pas permis; j'ai comparé la patrie à la famille; la loi et la puissance publique interviennent dans l'adoption qui brise, jusqu'à un certain point, les liens de la famille; la loi a déterminé aussi les faits qui briseront le lien qui vous unit à la patrie; c'est à des faits définis par elle, et non à l'expression de votre volonté, qu'elle a attaché la perte de la nationalité. Le projet du Code civil présenté

par la section admettait la perte de la qualité de
Français par l'abdication expresse qui en serait
faite; ce principe a été rejeté. La loi n'a pas voulu
qu'à chaque instant de sa vie, un Français pût se
soustraire aux devoirs que ce titre lui impose, en
répondant aux sommations qui lui seront faites,
qu'il renonce à sa nationalité et qu'il va prêter devant le premier ambassadeur étranger, qui se pré-
sentera à lui, le serment de sujétion. Si l'on ne veut
donner au serment de sujétion un pareil effet qu'à
la condition de l'expatriation préalable, c'est revenir à mon point de départ et à la présomption que
cet acte peut entraîner, d'un établissement sans esprit de retour.

60. Cette doctrine est consacrée par la jurisprudence :

« Attendu, disait la Cour de Bordeaux, que la
« qualité de Français, en accordant des droits, im-
« pose des devoirs auxquels le Français ne peut se
« soustraire *par le seul effet de sa volonté;* attendu
« que si l'intimé a pris la qualité d'Espagnol dans
« son contrat de mariage, et s'il a *prêté serment à la*
« *Constitution d'Espagne,* cette erreur, qu'il a pu
« commettre de bonne foi, n'a pu effacer la qualité
« qu'il tient de sa naissance. » (1)

La Cour de cassation disait également : « Attendu
« que la qualité de Français ne pouvant se perdre,
« d'après l'art. 17 du Code civil, que par *certains*
« *actes que cet article énumère....* » (2)

---

(1) 14 décembre 1841.
(2) 25 janvier 1838, rejet.

61. Le serment de sujétion est principalement exigé, dans les contrées étrangères, des Français commerçants, afin de les faire jouir des avantages concédés aux nationaux. Ne serait-on pas aussi complétement en dehors de l'esprit que du texte de la loi en repoussant les Français commerçants, qu'elle a voulu favoriser d'une manière spéciale, parce qu'il ont adopté le seul parti qui leur permettait de commercer avec avantage, parti que le silence de la loi devait suffire pour les autoriser à prendre sans scrupule.

Le système qui attache au fait du serment une importance aussi considérable, en l'absence de toute disposition légale pour lui servir d'appui, examiné dans toutes ses conséquences, amène aux plus bizarres résultats. Il est certain que le Français peut, avec l'autorisation du Gouvernement, accepter, sans perdre sa qualité, toutes les fonctions judiciaires, administratives ou militaires. A-t-on pensé que cette acceptation n'obligerait pas nécessairement à la prestation d'un serment? Personne, que je sache, n'a accusé le décret du 26 août 1811 d'un excès d'indulgence; l'art. 18, tit. IV, néanmoins, dit en termes exprès, que les Français autorisés à accepter des fonctions publiques, *pourront prêter serment à la puissance chez laquelle ils serviront;* la seule réserve imposée est celle de ne jamais porter les armes contre la France, et il est bien entendu que je ne prétends nullement abroger l'art. 75 du Code pénal.

Ainsi, le Français qui n'aurait pas d'autre but, en prêtant serment à un Gouvernement étranger, que

de s'assurer un paisible séjour, ne pourra pas demander une autorisation pour ce fait seul, indépendant de toute autre circonstance et il se trouvera
dans l'alternative, ou de perdre la qualité de Français, ou de refuser le serment; tandis que son com-
patriote, fonctionnaire public et bien plus étroite-
ment lié que lui, au Gouvernement du pays qu'ils
habitent tous deux, aura pu, aux termes du décret
de 1811, que je citais tout à l'heure, prêter sans dan-
ger le serment, qui est interdit à son voisin, simple
particulier. Je ne crois pas qu'un pareil système
puisse être soutenu, et je rappellerai en terminant,
que la *denization* oblige, en Angleterre, à la prestation d'un serment, et qu'elle n'entraîne pas cependant la perte de la qualité de Français.

62. Les Gouvernements étrangers, la Russie,
particulièrement, n'en considèrent pas moins les
Français, qui ont prêté le serment de sujétion,
comme ne pouvant plus invoquer, à leur égard, la
protection de la France. Chaque puissance promul-
gue ses lois comme elle l'entend, dans les limites
territoriales qui lui appartiennent et ne peut être
obligée de subordonner les règles qu'elle établit,
aux dispositions des législations voisines. Quelle que
soit la position du Français établi en Russie, à l'é-
gard du Gouvernement de ce pays, par suite du serment qu'il a prêté, quand il rentre en France, c'est
le Code civil seul évidemment qui déterminera sa
qualité.

63. Il ne faut pas perdre de vue que le Code civil exige que les fonctions soient conférées par un
Gouvernement étranger. Un Gouvernement n'a pas

en France d'existence légale s'il n'est pas reconnu.
Ainsi, les chefs d'une insurrection ne constituent
pas un gouvernement. Les règles d'appréciation, à
cet égard, ont été consacrées par la Cour de cassation, en ce qui concerne le service militaire; j'aurai occasion de le rappeler; à plus forte raison,
cette jurisprudence serait-elle suivie pour toute
fonction civile qui aurait été remplie par un Français dans un mouvement insurrectionnel : il ne
peut solliciter, dans ce cas, ni obtenir aucune autorisation; l'art. 17 ne lui est plus applicable.

64. L'établissement fait en pays étranger sans
esprit de retour est le dernier cas prévu par l'article 17 comme faisant perdre la qualité de Français;
mais le texte a ajouté cette réserve expresse : « Les
« établissements de commerce ne pourront jamais
« être considérés comme ayant été faits sans esprit
« de retour. » Une pareille disposition doit toutefois
être entendue sainement : « Ce qu'a voulu dire le
« législateur, enseigne M. Marcadé, et ce à quoi se
« réduit la différence qu'il signale ici entre l'établis-
« sement de commerce et tout autre établissement,
« c'est que l'établissement de commerce ne suffira
« jamais, *tant qu'il sera seul,* pour prouver l'absence
« de l'esprit de retour, tandis qu'un autre établisse-
« ment pourrait suffire par lui-même. »

65. La Cour de cassation a posé en principe, avec
raison, qu'un Français doit toujours être présumé
avoir conservé l'esprit de retour (1), quelque longue

_____

(1) 13 juin 1811 ; rejet.

que soit sa résidence en pays étranger, à moins
qu'un acte particulier lui puisse être opposé, qui
établisse une présomption contraire. Dans tous les
cas, c'est à celui qui allègue le fait de l'établissement
sans esprit de retour d'établir la réalité de son allé-
gation (1); la présomption est en faveur du défen-
deur, alors même que, né sur le sol étranger d'un
père français, on pourrait penser qu'il a pour le
pays qu'il habite, une affection qui paraît naturelle.

La question, en pareille matière, se posera toujours en fait, et sera décidée par les circonstances
que les juges seuls apprécieront; mais, en suivant les
principes posés avec sagesse par la Cour régulatrice,
ils devront se montrer difficiles à convaincre qu'un
Français ait voulu, en effet, s'exiler à jamais de
sa patrie. Ainsi, il peut arriver qu'un Français établi en pays étranger s'y marie, sans faire, en France,
les publications prescrites par l'art. 170 du Cod. civ.;
que les actes de naissance de ses enfants n'aient pas
été reçus par les agents diplomatiques français, ainsi
que le prescrit l'art. 48 du Code civil; que ses fils
se soient soustraits aux obligations du recrutement :
ces circonstances, d'autres analogues, peuvent être
alléguées contre le Français, dont on attaque la nationalité; mais elles sont loin, par elles-mêmes, de
former une preuve complète, surtout s'il s'agit de
commerçants que l'art. 17 a protégés par une disposition particulière. La loi du recrutement, de
même que les art. 48 et 170 du Code civil, que j'ai

---

(2) Poitiers, 26 juin 1829.

cités tout à l'heure, n'ont aucunement pour sanction, la perte de la nationalité; en interprétant l'art. 17 du Code civil, les règles si restrictives du droit pénal doivent seules être appliquées.

66. Cet établissement, sans esprit de retour, ni l'acceptation de fonctions publiques n'ont pour effet, ni en réalité, ni dans l'esprit du législateur, de conférer la naturalisation étrangère; s'il en eût été ainsi, les trois paragraphes de l'art. 17 seraient rentrés dans un seul. Il ne peut donc exister aucun doute, que les pénalités édictées par le décret du 26 août 1811, contre ceux qui se sont fait naturaliser à l'étranger, n'atteignent pas le Français établi hors de sa patrie, sans esprit de retour.

Quant aux Français qui exercent des fonctions politiques, administratives ou judiciaires, sans autorisation, il y a lieu de se reporter, en ce qui les concerne, aux décrets du 6 avril 1809 et du 26 août 1811.

67. Le service militaire est l'objet, dans le Code civil, d'une disposition particulière; l'art. 21 est ainsi conçu : « Le Français qui, sans autorisation « du Roi, prendrait du service militaire chez l'étran- « ger, ou s'affilierait à une corporation militaire « étrangère, perdra sa qualité de Français. » Si j'avais à m'occuper des conséquences qui résultent de la qualité de Français, de son acquisition ou de sa perte, il me faudrait ici encore analyser d'assez nombreuses dispositions que contiennent les décrets impériaux contre les Français ayant pris du service militaire chez l'étranger; j'ai dit que tel n'était pas mon plan, et je n'ai rien à ajouter au texte

du Code civil, qui prononce dans le cas qu'il a
prévu, la déchéance de la qualité de Français.

En me renfermant dans cet ordre d'idées, quelques difficultés peuvent se présenter.

68. Le Gouvernement français a eu à son service,
sous la Restauration, plusieurs régiments suisses, en
exécution de capitulations expresses. Il pourrait y
avoir doute pour savoir si l'art. 21 est applicable
aux Français qui ont pris du service dans de pareils
corps, lesquels ont toujours été parfaitement distincts des régiments français.

Aux termes des capitulations conclues, en 1816,
entre la France et les Cantons suisses, les capitaines des régiments de la ligne, au moins, avaient la
faculté d'admettre dans leurs compagnies un quart
de sous-officiers et soldats étrangers à la Suisse
(art. 3), et, par conséquent, pouvant être Français.
Tous les officiers, suivant le 1er paragraphe du même
article, devaient être bourgeois et reconnus ressortissant au canton qui fournissait la compagnie;
mais cette disposition même n'excluait pas de ce
grade, d'une manière absolue, les Français ou tout
autre individu étranger à la Suisse; le droit de bourgeoisie dans les cantons est considéré, à leur égard,
comme un simple titre honorifique n'emportant pas
la perte de la nationalité originaire, ou tout au plus
comme quelque chose d'analogue à l'admission à
domicile prononcée conformément à l'art. 13 du
Code civil. Des Français ont donc pu servir dans
les régiments suisses capitulés, qui ont formé un
corps auquel on ne saurait en aucune façon assimiler, par exemple, *la légion étrangère*, qui, de nos

jours, fait partie de l'armée française; le lien qui
unissait les régiments capitulés à la Suisse subsis-
tait et avait été maintenu avec grand soin. Mais les
termes de l'art. 21 n'imposent point l'obligation
de considérer comme pris à l'étranger un service
militaire accompli tout entier au profit exclusif de
la France, et il y a lieu de décider qu'il n'est pas
applicable dans ce cas.

69. Sous le règne de l'Empereur, les armées françaises avaient de nombreux auxiliaires fournis par
des puissances que des liens plus ou moins étroits
attachaient à la France; on peut citer, comme
exemple, le royaume d'Italie. Si un Français a servi
dans ces corps auxiliaires, lorsqu'ils faisaient partie
de nos armées, quoique distincts des régiments
français, le service accompli ici encore dans l'inté-
térêt de la patrie, n'a pu leur faire perdre leur nationalité. C'est ainsi qu'un avis du conseil d'État du
22 décembre 1812 a décidé qu'un Français pouvait
exercer des fonctions publiques dans le grand-du-
ché de Berg sans encourir les pénalités de la loi.

70. Lorsque la loi a prohibé le service militaire
chez l'étranger, elle a eu en vue un service accompli auprès d'une puissance ayant une existence indépendante et reconnue. Ainsi, le fait d'avoir pris
part à un mouvement insurrectionnel ne peut être
assimilé au service pris chez l'étranger; c'est ce qui
a été jugé notamment à l'égard du général Clouet,
attaché à l'armée de don Miguel, à l'époque des
troubles qui ont agité le Portugal (1). Je ne pense

---

(1) Paris, 14 mars 1846; Cour de cassation, 2 février 1847.

pas avoir besoin de rappeler que je n'examine point la question au point de vue du Code pénal, qui frappe, dans tous les cas, avec une égale justice, le Français qui porte les armes contre sa patrie.

71. Il est permis de douter que les dispositions des art. 17 et 21 soient applicables à des mineurs. J'ai déjà parlé de la naturalisation; la réponse sera la même pour le service civil ou militaire.

La loi est conçue en termes généraux et ne fait aucune distinction; on peut soutenir avec raison que ses dispositions rentrent, à quelques égards, dans le droit politique, et qu'un mineur peut, tout aussi bien qu'un majeur, contrarier les vues du Gouvernement en se consacrant au service d'une puissance étrangère; mais, cela admis, la question n'en reste pas moins entière et ne décide pas si le mineur devient responsable de pareils actes. La loi civile ne peut permettre à un mineur d'aliéner sa nationalité, lorsqu'elle lui refuse pouvoir pour des faits d'une importance bien moindre; aucun concours ne peut venir compléter la capacité qui lui manquerait à cet égard, parce que la loi n'a pas permis l'abdication volontaire de la nationalité; cette perte résulte d'actes dont le mineur est légalement censé ne pas comprendre l'importance et ne pouvoir supporter, par suite, la responsabilité pénale. Je crois donc que le mineur doit être absous des actes dont il peut avoir mal apprécié la portée, et qu'il n'aura accompli peut-être que sous la pression d'une crainte révérentielle; c'est le cas de le restituer. La loi française ne permet, à aucun titre, d'acquérir avant vingt et un ans la qualité de Français; elle ne peut, par réciprocité, permettre de l'aliéner plus tôt. Mais la majorité une fois atteinte, il devient évidemment responsable et ne peut se créer un privilége, en se fondant sur ce qu'il ne fait que continuer le service commencé en état de minorité.

72. La constitution de l'an viii attachait la perte de la qualité de Français à l'affiliation à une corporation étrangère, même non militaire, qui supposerait des distinctions de naissance. Cette disposition a été abrogée quand la noblesse a été rétablie. La Constitution de 1848 ne contient aucune disposition semblable.

Les corporations militaires, dont a parlé le Code civil, sont les anciens ordres de chevalerie, tels que l'ordre de Malte ou autres, dont le souvenir, au moins, était encore présent au moment où le Code civil a été écrit; aujourd'hui, cette disposition n'a presque plus d'application possible.

73. La loi soumet, en France, l'étranger qui a été admis à domicile, conformément à l'art. 13 du Code civil, au service de la garde nationale; et son intention n'a point été de lui faire perdre une nationalité, à laquelle son admission à domicile ne suppose pas nécessairement qu'il ait voulu renoncer. Le Français, à l'étranger, pourra donc également, sans craindre l'application des art. 17 ou 21 du Code civil, faire partie de la garde nationale du pays qu'il habite, et même évidemment, y acquérir un grade. Cette institution n'est destinée partout qu'à un service d'ordre et de sûreté intérieure, intéressant, à titre égal, tous ceux qui habitent le territoire.

74. Dans le cas où la garde nationale mobilisée

perdrait son caractère de milice urbaine pour être
mêlée à l'armée active, faire un service semblable
et combattre avec elle dans une guerre étrangère,
la solution ne pourrait plus être la même.

75. Le Code civil, en parlant de la nécessité de
solliciter une autorisation pour accepter des fonctions civiles ou militaires, n'a pas déterminé dans
quelle forme serait délivrée cette autorisation; le
décret du 26 avril 1811 (art. 2 et 19) exige des lettres-patentes dressées par le grand juge, insérées au
Bulletin des Lois, et enregistrées à la Cour du dernier domicile de celui qu'elles concernent. L'ordonnance du 8 octobre 1814, qui a rétabli les droits
de sceau, ainsi que la loi du 28 avril 1816, qui a
ajouté à ces droits un droit proportionnel d'enregistrement, a maintenu la forme des lettres-patentes scellées du grand sceau : ces droits, en y com-
prenant les honoraires du référendaire tarifés par
l'ordonnance du 8 octobre 1814, s'élèvent à 660 fr.

Il semblerait bien rigoureux, néanmoins, de considérer comme dépourvue de tout effet, l'autorisation délivrée dans une forme différente ; ainsi, elle
peut, en certains cas, avoir expressément été donnée par simple lettre ministérielle. Cet acte serait
au moins suffisant, pour établir la bonne foi de celui
qui s'en prévaudrait : mais il faut bien convenir
qu'il devient sujet à interprétation ; les tribunaux
doivent évidemment en apprécier le sens et la portée, et ne se trouvent plus liés, comme lorsque l'autorisation formelle a été délivrée par le chef du
pouvoir exécutif et dans les formes régulières; aucune contestation n'est possible dans ce cas.

76. Un acte régulier, au contraire, mais seulement préparatoire, quelle qu'en fût la forme, n'aurait aucune valeur ; une ordonnance royale même serait restée un acte d'administration intérieure, ne devant recevoir aucune publicité et impuissant, par son origine et sa destination, à conférer aucun droit. Les lettres-patentes pouvaient seules mettre à l'abri les Français qui les avaient sollicitées ; la mesure fiscale par laquelle des droits assez élevés avaient été attachés à cette concession serait devenue illusoire, si ces lettres-patentes avaient pu être remplacées par des mesures purement préliminaires.

Depuis l'établissement de la République, la forme particulière des lettres-patentes, qui était usitée dans des circonstances diverses, a cessé d'être employée. L'autorisation de servir à l'étranger est donnée par un décret, sur la proposition du ministre de la justice ; mais il ne forme un droit acquis pour celui qui en est l'objet, qu'après le paiement ou la remise des droits, dont j'ai parlé plus haut, suivi de la délivrance à la partie d'une ampliation, et de l'insertion au *Bulletin des lois*.

77. L'autorisation doit, on le comprend, précéder l'acceptation des fonctions publiques ; par ce seul fait, le Français aurait immédiatement encouru la perte de sa nationalité ; une autorisation postérieure ne pourrait avoir pour effet de le réintégrer dans une qualité désormais perdue, et qui ne peut plus être recouvrée que dans des formes particulières. La réintégration, dont il aurait besoin, est complétement distincte de l'autorisation, qui devait le préserver, et j'en parlerai tout à l'heure.

5

78. Les faits qui font encourir, comme peine, la perte de la nationalité, n'ont pas pour conséquence de rompre entièrement les liens qui unissaient le Français à son pays; il perd tous les bénéfices du titre qu'il tenait de sa naissance, mais ne peut être assimilé purement et simplement à un étranger. Les preuves à cet égard, si cette proposition était contestée, seraient nombreuses et décisives. Les art. 18, 20, 21 du Code civil différencient de la manière la plus tranchée les anciens Français des étrangers; les diverses constitutions, et les lois qui se sont occupées de la naturalisation, n'ont jamais appliqué les dispositions écrites pour les étrangers, aux Français qui avaient perdu leur nationalité. Le fait qui semble de nature à assimiler plus que tout autre le Français expatrié à l'étranger, c'est sa naturalisation; le décret de 1809 dit néanmoins : « Les dis-« positions des deux articles précédents sont appli-« cables même à ceux qui auraient obtenu des lettres « de naturalisation d'un gouvernement étranger; » et le décret du 26 août 1811 a attaché certaines peines particulièrement à la naturalisation en pays étranger ; enfin, le Gouvernement accorde à des Français l'autorisation de prendre une nationalité étrangère, et montre par là qu'il regarde comme toujours subsistant en partie le lien qui unit l'homme à sa patrie : ces sortes d'autorisation ne forment pas une singularité dans les législations européennes, et ont pour effet, dans tous les pays où elles sont accordées, de maintenir, comme principe, l'impossibilité de rompre complétement les liens de nationalité.

Il faut donc admettre que dans les cas prévus par la loi, le Français perd les avantages qui étaient attachés à la qualité qu'il tenait de sa naissance, mais reste soumis aux peines que les lois ont édictées contre lui ; l'art. 75 du Code pénal, qui punit de mort le Français qui aura porté les armes contre sa patrie, n'aurait pas de sens si le principe, que je soutiens, ne devait pas être suivi ; car le premier effet produit par l'acte que cette disposition prévoit, est évidemment, dans la plupart des cas, de faire perdre à celui qui s'en est rendu coupable, la qualité de Français. Si le doute pouvait encore exister sur l'esprit qui a présidé à la rédaction du Code civil, il serait dissipé par les décrets du 6 avril 1809 et du 26 août 1811, dus à la même autorité législative et commentés par des avis contemporains du conseil d'Etat. La législation impériale, écrite à un moment où les idées humanitaires avaient peu de faveur, ne veut, en aucune circonstance, abdiquer ses droits sur les nationaux. J'ai cru utile de rappeler ce principe, quelque clairement qu'il ressorte de l'ensemble entier de notre législation.

79. La femme française qui épousera un étranger, dit l'art. 19 du Code civil, suivra la condition de son mari, et perd par conséquent la nationalité française ; les dispositions de chaque législation déterminent si elle acquiert la nationalité de son mari ; aucune distinction n'est possible dans ce cas entre la femme majeure et la femme mineure.

La disposition de la loi est absolue et sa rédaction est précise ; quelles que soient les modifications qui viendront atteindre l'état de son mari, elle les subira

avec lui. Ainsi, que par l'effet de la conquête, le pays
de son mari soit réuni à la France ; que, plus tard,
le sort des armes l'en détache ; comme lui elle est
devenue française, et comme lui et en même temps
que lui, elle a perdu de nouveau cette qualité (1).
Aucune difficulté sérieuse ne s'est élevée à cet égard.

80. Je m'étonne qu'il y ait eu une controverse
très-vive, au contraire, dans le cas où le mari,
Français d'origine, a perdu sa qualité par un fait
volontaire, tel que sa naturalisation ou l'acceptation
de fonctions publiques à l'étranger. La question,
selon moi, reste la même. Je comprends parfaitement qu'on ne veuille pas punir la femme d'un fait
qui n'est pas le sien ; mais, en posant ainsi la question, on la dénature.

J'ai soutenu moi-même, et sans contradicteur,
que la perte de la nationalité était une peine, mais
je crois qu'on n'a pas assez fait attention qu'il ré-
sultait de l'ensemble de notre législation, que l'importance de la nationalité était tout autre pour
l'homme que pour la femme. Il suffit d'y réfléchir
un moment pour se convaincre de cette vérité.

Soutiendra-t-on que l'art. 19 entend punir la
femme française qui épouse un étranger? L'art. 12
voudra donc récompenser l'étrangère qui épouse
un Français? Il ne s'agit plus ici de punir et de récompenser; dans l'art. 12, comme dans l'art. 19, le
législateur a dit que la femme suivrait la condition
de son mari, parce qu'*elle est la chair de sa chair et*

_____

(1) Cour de cassation, 14 avril 1818, rejet.

les os de ses os ; voilà le grand principe qui a dirigé le législateur et auquel il a rendu un nouvel hommage ; il ne peut en aucun cas être oublié ; et on a fait observer avec raison, dans l'intérêt du système que je soutiens, que la loi ne dit pas : *la femme* PREND *la condition du mari ;* mais bien SUIT, cela s'applique aux faits accomplis au moment du mariage, comme à ceux qui le suivront.

La loi a si peu voulu punir la femme française qui épouse un étranger, qu'elle lui fait recouvrer de plein droit son ancienne nationalité à l'instant même où son mari meurt ; mais comment pourrait-elle la conserver lorsque son mari cesse de l'avoir ? Il y a là quelque chose de tout à fait contraire à la règle la plus élémentaire du droit naturel, et je ne comprendrais pas que la doctrine pût faire prévaloir un pareil principe, quand par deux fois et pour mieux sanctionner cette règle, le Code a dit en termes exprès : *la femme suivra la condition de son mari.*

La facilité extrême, et tout à fait en désaccord avec ce qui existe pour l'autre sexe, avec laquelle la loi rend à la femme une nationalité qu'elle lui avait enlevée avec aussi peu de scrupule pour l'acte le plus légitime, prouve bien qu'elle la considère comme sans importance pour elle. C'est ainsi que le conseil d'État décidait, sans hésiter, que le décret du 26 août 1811 n'était point applicable aux femmes.

Je sais que l'on peut dire qu'en s'unissant à un étranger, elle connaissait la position que la loi lui faisait ; il n'en est pas de même dans le cas que j'examine. Qu'importe si la loi, en effet, n'attache aucune importance à cette circonstance : ce ne sera quelquefois peut-être qu'une vérité légale ; cela suffit.

Qui peut, au reste, prévoir l'avenir ? Mais ce que que la femme devait savoir, et devait désirer, c'est qu'elle serait ce que serait son mari ; partageant son domicile, qu'elle ne peut abandonner; et ne restant, en aucun cas, étrangère dans un pays, qui est la patrie de ses enfants et qui est devenue celle de son époux.

81. Si le mariage était annulé, la femme n'aurait jamais cessé d'être Française (1), et aucune distinction n'est à faire pour savoir si, par suite de ce mariage, elle ne s'était pas établie hors de France sans esprit de retour : le mariage en ayant été la seule cause, il ne peut plus, une fois annulé, produire directement ni indirectement aucun effet.

§ 3. — Des moyens de recouvrer la qualité de Français.

82. Je viens de dire que la qualité de Français peut être perdue, soit en vertu de l'art. 17 du Code civil, dans les trois cas qu'il a prévus ; soit en vertu de l'art. 21, relatif au service militaire.

La femme particulièrement peut cesser d'être Française, conformément à l'art. 19, par suite de son mariage avec un étranger.

Les moyens pour obtenir d'être réintégré dans la

---

(1) Poitiers, 7 janvier 1845.

qualité perdue varient selon les circonstances qui
viennent d'être rappelées.

83. L'art. 18 est ainsi conçu : « Le Français qui
« aura perdu la qualité de Français pourra toujours
« la recouvrer en rentrant en France avec l'auto-
« risation du Roi et en déclarant qu'il veut s'y fixer
« et qu'il renonce à toute distinction contraire à la
« loi française. » Cette règle est exclusivement applicable aux individus dont s'occupe l'art. 17. La
demande doit être accompagnée d'une expédition
de la déclaration dont parle la loi; cette déclaration est reçue par le maire du domicile de l'im-
pétrant et inscrite sur les registres, comme tous
les actes de l'état civil. C'est par analogie que l'u-
sage s'est introduit de faire la déclaration dont
parle l'art. 18, devant le maire du domicile ; ce n'est
pas là, certainement, une forme substantielle. Le
conseil d'État a eu occasion de dire que la demande
devait être adressée au ministre de la justice (1);
c'est aussi ce qui a toujours été fait.

Il n'est pas nécessaire de faire intervenir deux
actes du Gouvernement, le premier pour autoriser
l'étranger à rentrer en France, le second pour le
réintégrer dans la qualité de Français ; un seul et
même décret, autrefois une ordonnance royale, autorise le Français à rentrer en France et déclare
qu'il est réintégré dans le titre qu'il avait perdu.

Aucune autre condition que la déclaration dont
il vient d'être parlé ; aucun délai n'est imposé par la

---

(1) Avis du conseil d'État du 21 janvier 1812.

loi ; mais le Gouvernement reste maître d'apprécier
la demande et de prononcer l'admission ou le rejet,
sans recours possible contre cette décision.

La loi du budget du 20 juillet 1837 dit, art. 12,
que les lettres-patentes portant réintégration dans
la qualité de Français seront assimilées, en ce qui
concerne les droits de sceau et d'enregistrement à
percevoir, aux lettres de naturalité ; ces droits ont
été fixés par l'ordonnance du 14 octobre 1814 et la
loi du 28 avril 1816, à 172 fr., y compris les honoraires du référendaire ; la remise totale ou partielle de
ces frais peut toujours être accordée par le Gouver-
ment.

84. La déclaration, dont parle l'art. 18, est vala-
blement faite à l'étranger devant les agents diplomatiques ou consulaires, avec soumission de rentrer en France. Le Gouvernement peut, en vertu
d'un pareil acte, accorder à l'ancien Français résidant encore à l'étranger, l'autorisation de rentrer
en France, et le réintégrer immédiatement dans sa
qualité de Français. Cette bienveillante interprétation de l'art. 18 n'en contredit nullement le texte
et peut en faciliter l'application à des hommes parfaitement honorables, qui désirent, dans le plus bref
délai, se rattacher à leur pays d'origine.

85. Du jour où, soit après le paiement, soit après
la remise des droits à percevoir, l'ampliation du
décret a été donnée au Français réintégré, il recouvre immédiatement, et sans aucune autre condition,
la qualité de Français ; il n'est soumis à aucune autre
formalité ; mais la délivrance seule de ce titre rend
le contrat intervenu entre lui et le Gouvernement

irrévocable et complet. Jusque-là, il n'y a encore que des actes préliminaires que le Gouvernement reste maître de suspendre ou de révoquer.

86. L'étranger naturalisé est assimilé aux naturels ; les mêmes faits qui feraient perdre à ceux-ci la qualité qu'ils tiennent de leur naissance, doivent enlever à ceux-là les droits qu'ils ont acquis par l'acte de naturalisation ; il ne peut, ce me semble, y avoir aucun doute à cet égard. Mais l'étranger peut-il invoquer l'art. 18 et demander à être réintégré dans la qualité qu'il avait acquise une première fois, et qu'il a ainsi perdue ? Je ne le pense pas. Quelque complète qu'on ait voulu faire quelquefois l'assimilation entre l'étranger naturalisé et l'indigène, il n'en est pas moins certain que l'un tient ses droits d'un acte purement civil ; l'autre d'un fait naturel, dont les effets pourront être modifiés ou annulés, mais qui n'en restera pas moins toujours subsistant. Quand l'acte qui a naturalisé un étranger se trouve, par le fait de celui-ci, comme non avenu, que reste-t-il entre lui et son pays d'adoption ? Rien évidemment ; le seul lien qui l'y rattachait est rompu. L'art. 18 est donc exclusivement applicable à l'indigène.

87. L'autorisation de rentrer en France, dont parle l'art. 18, peut-être tacite, et dans tous les cas, être immédiatement suivie de l'acte de réintégration ; il n'en est pas de même dans le cas prévu par l'art. 21, qui dit expressément : « *il ne pourra rentrer en France qu'avec la permission du Roi* et recouvrer « la qualité de Français, qu'en remplissant les con- « ditions imposées à l'étranger pour devenir ci-

« toyen ; le tout sans préjudice des peines pronon-
« cées par la loi criminelle, contre les Français qui
« ont porté ou porteront les armes contre leur
« patrie. »

Le mot *permission* ne peut pas s'entendre d'une
autorisation tacite ; il est nécessaire qu'un acte officiel, auparavant une ordonnance royale, aujour-
d'hui un décret, autorise formellement le Français
expatrié à rentrer en France ; et ce n'est que de la
date de ce décret, que commencent à courir les délais qui doivent précéder sa réintégration. Ces délais sont les mêmes, ainsi qu'on l'a vu, que pour un
étranger qui aspire à être naturalisé.

88. Le décret du 26 août 1811 appliquait, ainsi
que j'ai eu souvent occasion de le dire, des peines
assez graves dans les cas qu'il avait prévus ; le législateur n'avait pas voulu qu'elles fussent irrémissi-
bles ; mais il avait établi des formes particulières
pour en relever les personnes qui en avaient été at-
teintes ; l'art. 12 porte : « Ils ne pourront être rele-
« vés des déchéances et affranchis des peines ci-
« dessus que par des lettres de relief accordées par
« nous en conseil privé, comme les lettres de grâce. »
Il est nécessaire de bien préciser le but de ces lettres
de relief ; le décret de 1811, en ajoutant aux dispositions du Code civil et en les sanctionnant surtout, loin
de les abroger, n'a pu que les confirmer ; la nationalité
se perd encore et se recouvre dans les formes qu'il a
établies, et les lettres de relief sont inutiles pour cet
objet : « Considérant, dit un avis du conseil d'Etat
« du 20 juin 1833, que les art. 18 et 21 du Code civil
« ont réglé les conditions auxquelles la qualité de

« Français pourra être recouvrée par ceux qui l'au-
« raient perdue; que le titre 2 du décret du 26 août
« 1811 n'a eu pour objet que d'introduire à l'égard
« des Français, qui seraient naturalisés à l'étranger
« sans autorisation, des dispositions pénales dont
« l'application appartient aux tribunaux; que les
« lettres de relief qui peuvent être accordées, en
« vertu de l'art. 12 du décret, ont seulement pour
« but de relever des déchéances et d'affranchir des
« peines encourues en conséquence de ces disposi-
« tions, et non d'établir un mode de naturalisation »,
ou, pour mieux dire, de réintégration dans la qualité de Français perdue; il faut donc regarder ces
deux actes comme s'appliquant à deux ordres d'i-
dées différents; la réintégration au droit civil et à
l'état de la personne; les lettres de relief au droit
criminel et aux conséquences que la loi pénale a attachées aux faits prévus par elle.

89. Il me reste à dire, comment la femme française, qui a épousé un étranger, peut recouvrer sa
qualité.

Si la femme mariée réside en France au moment
du décès de son mari, elle recouvre à l'instant et de
plein droit sa qualité (1), sans être tenue à aucune
autre condition, à aucune déclaration, sans qu'aucun acte émané d'elle ou du Gouvernement doive
intervenir.

Si la femme mariée réside en pays étranger au
moment du décès de son mari, il est nécessaire

_____

(1) Cour de cassation, 19 mai 1830, rejet.

pour recouvrer sa qualité, qu'elle rentre en France
avec l'autorisation du Gouvernement et déclare
qu'elle veut s'y fixer. Cette déclaration doit être
faite à la mairie du lieu que la femme choisit pour
résidence et consignée sur les registres ; une expédition délivrée dans la forme ordinaire des actes de
l'état civil doit être jointe à la demande, afin de justifier de l'accomplissement de cette indispensable
formalité ; et sur le rapport du ministre de la justice intervient un décret, qui accorde la réintégration sollicitée. Ce décret n'est soumis au paiement
d'aucun droit.

Dans ce cas, la réintégration n'a plus lieu de plein
droit ; on a pu craindre que la position d'une femme
fixée en pays étranger fût telle, qu'il y eût conve-
nance ou intérêt pour la France à la repousser ; il
ne pouvait en être ainsi, lorsque déjà, pendant son
mariage et lorsqu'elle était étrangère encore, elle
avait été reçue et admise à résider dans le pays.

90. Le cas peut se présenter où la femme, devenue veuve en pays étranger, viendra habiter la
France et sera frappée, comme aliénée, d'un jugement d'interdiction ; son tuteur sera Français et
fixé dans le pays ; son domicile devient celui de la
femme interdite, dont la tutelle lui appartient ;
mais la déclaration exigée par l'art. 19 pourra-t-elle
être faite par ce tuteur, au nom de la femme interdite ?

La question peut être douteuse ; il semble qu'une
déclaration d'intention ne doive pas être régulièrement faite par procureur. Toutefois, en examinant
avec soin l'économie générale de l'art. 19, il en ré-

sultera la conviction que c'est à un fait plutôt qu'à
un acte que la loi a voulu attacher la réintégration
de la femme devenue veuve : si elle réside en
France, au moment du décès de son mari, le fait
seul de la résidence est suffisant ; dans le cas contraire, la loi veut qu'il y ait certitude que la femme
viendra prendre cette résidence, qui est la condition de sa réintégration. La garantie, à cet égard, a
la même force si la déclaration est faite par le tuteur de l'interdite, qui n'aura plus désormais d'autre
domicile que celui du déclarant. La loi, il faut bien le
remarquer, n'exige même pas de la femme veuve,
pas plus dans un cas que dans l'autre, la déclaration
qu'elle entend recouvrer sa qualité perdue ; c'est la
suite du système que j'ai déjà signalé, et qui paraît
n'attacher aucune importance à la nationalité de la
femme forcément privée, dans tous les cas, de droits
politiques. S'il ne faut, en effet, qu'une simple déclaration constatant la résidence, pourquoi n'éma-
nerait-elle pas aussi bien du tuteur que de la femme
elle-même ?

91. La femme mineure ne peut pas ne pas suivre
également la condition de son mari ; si elle devient
veuve avant d'avoir atteint sa majorité, elle recou-
vrera sa qualité sous les mêmes conditions que la
femme majeure ; dans ce cas, la déclaration devrait-
elle être faite par la femme elle-même ? Cela ne peut
faire doute : la femme ayant été émancipée d'une
manière irrévocable par le mariage, on ne saurait,
à aucun égard, l'assimiler à l'interdite, ni lui refuser, malgré sa minorité, les moyens de repren-
dre une qualité, que cette minorité même ne l'a pas

empêchée de perdre. Je ne saurais trop le répéter, en pareille matière, la loi a tracé pour les femmes des principes tout exceptionnels. L'art. 19 est également applicable à la femme qui a obtenu son divorce, légalement prononcé en pays étranger (1).

Les enfants nés du mariage, dans tous les cas, restent étrangers comme leur père.

92. L'acte émané de l'autorité souveraine qui a rendu à un Français ou à une Française la nationalité qu'ils avaient perdue, ne peut être critiqué ni apprécié par les tribunaux civils, auxquels la loi n'a pas voulu confier ce pouvoir ; en cas de litige entre l'administration et un particulier sur un acte de cette nature, le conseil d'État pourrait seul être saisi par voie contentieuse. Encore moins les tribunaux pourraient-ils, en l'absence de l'acte administratif, se substituer au Gouvernement pour prononcer la réintégration (2).

93. Les réclamants qui, dans les cas prévus par les art. 18 et 19, ont fait les déclarations exigées par la loi pour établir une aptitude légale à obtenir leur réintégration dans la qualité de Français, la recouvrent pleine et entière ; ils ne la perdront plus qu'au même titre que les autres Français, et peuvent par conséquent quitter la France et s'absenter, pourvu qu'ils ne forment pas en pays étranger un établissement sans esprit de retour ; cette circonstance, prévue par l'art. 18, est la seule aussi qui soit

_____

(1) Lyon, 11 mars 1835.
(2) Cour de cassation, 17 juillet 1826, cass.

de nature à les mettre en opposition directe avec les termes de la déclaration qu'ils ont faite.

94. L'art. 20 du Code civil est ainsi conçu : « Les « individus qui recouvreront la qualité de Français « dans les cas prévus par les articles 10, 18 et 19, « ne pourront s'en prévaloir qu'après avoir rempli « les conditions qui leur sont imposées par ces ar-« ticles, et seulement pour l'exercice des droits ou-« verts à leur profit depuis cette époque. »

Cet article est assez clair pour n'avoir besoin d'aucun commentaire. Il y a lieu de l'appliquer éga-lement au cas prévu par l'art. 21, à l'égard du Fran-çais qui a pris du service militaire; et ainsi que je l'ai dit plus haut, aux individus dont parle l'art. 9.

§ 4. — *Par quelles voies l'étranger peut acquérir la qualité de Français.*

95. La naturalisation était connue sous l'ancienne jurisprudence; elle était accordée par des lettres du *grand sceau*, appelées *lettres de naturalité*; ancien-nement elles portaient le nom de *lettres de bour-geoisie*, ce qui semblait confondre les droits et les priviléges municipaux avec ceux de naturel du pays. Le roi seul, à l'exclusion de tout seigneur, juge ou cour souveraine, pouvait accorder la naturalisation, mais les lettres de naturalité devaient être enregis-trées au parlement et entérinées à la chambre des comptes, et même au bureau des finances. Le roi conservait le droit de les révoquer (1).

_____

(1) Ancien répertoire, v° *Lettres de naturalité.*

Une loi du 30 avril-2 mai 1790, inaugura des principes nouveaux; elle porte : « Tous ceux qui, « nés hors du royaume de parents étrangers, sont « établis en France, sont réputés Français et admis, « en prêtant le serment civique, à l'exercice des « droits de citoyen actif, après cinq ans de domi- « cile continu dans le royaume, s'ils ont, en outre, « ou acquis des immeubles, ou épousé une Fran- « çaise, ou formé un établissement de commerce, « ou reçu dans quelques villes des lettres de bour- « geoisie, nonobstant tous règlements contraires « auxquels il est dérogé. »

Peu de temps après, a été promulguée la Consti- tution du 14 septembre 1791, dont l'art. 3, tit. 2, est ainsi conçu : « Ceux qui nés hors du royaume de « parents étrangers, résident en France, devien- « nent citoyens Français après cinq ans de domicile « continu dans le royaume, s'ils y ont, en outre, « acquis des immeubles ou épousé une Française, « ou formé un établissement d'agriculture ou de « commerce, et s'ils ont prêté le serment civique. »

L'art. 4 faisait, dans certains cas, intervenir le pouvoir législatif, et une loi du 26 août 1792 a ac- cordé la naturalisation à divers étrangers sans au- cune condition; je puis laisser de côté cette dispo- sition tout exceptionnelle, qui n'exige aucune ex- plication et ne peut soulever aucune difficulté.

96. La loi du 2 mai 1790 sépare d'une manière bien nette la qualité de Français du titre de citoyen; « attendu, disait la Cour de cassation, que la loi du « 2 mai 1790 distingue entre les étrangers qui doi- « vent être réputés Français, et ceux qui veulent

« être admis à l'exercice de citoyen actif; qu'elle
« impose aux premiers deux conditions..... que
« pour les seconds, elle exige les mêmes conditions;
« et, en outre, la prestation du serment civique » (1).
Quoique la question ait été discutée, il semble difficile que la moindre hésitation puisse exister pour
déclarer que sous l'empire de cette loi, l'étranger
acquérait la qualité de Français, sans être tenu à
prêter le serment civique : le texte est explicite.

« Il faut, pour être admis à l'exercice des droits
de citoyen actif, dit Merlin, que l'étranger réputé
Français par le seul fait de son établissement en
France et de son mariage avec une Française, rem-
plisse la formalité de la prestation de serment civique ; mais, qu'il prête ou non ce serment, il n'en
demeure pas moins Français par adoption ; s'il le
prête, il pourra voter dans les assemblées primai-
res, il pourra y élire, y être élu ; s'il ne le prête pas,
il sera seulement exclu de ces prérogatives ; sa qualité de Français par adoption lui restera toujours ;
comme la qualité de Français par droit de naissance
reste à tout homme qui, né en France, n'a pas prêté
ce serment. » Après avoir cité l'art. 22 de la loi du
9-15 décembre 1790, il ajoute : « Dans cette disposition, comme dans la loi des 30 avril-2 mai de la
même année, la naturalisation est accordée en termes qui ont un effet actuel, absolu et indépendant

_____

(1) Cour de cassation, 27 avril 1819, rejet. *Voy.* également Paris,
18 mars 1823 ; Riom, 7 avril 1835 ; Douai, 19 mai 1835 ; Cour de cassation, 28 avril 1836.

de toute condition ; ce n'est que relativement à la jouissance des droits attachés à la qualité de citoyen Français, que la loi s'exprime au futur et exige entre autres, la condition du serment civique (1). »

97. La Constitution de 1791 employait une rédaction différente de celle de la loi du 2 mai 1790, et a pu donner lieu à une controverse plus sérieuse. Cet acte essentiellement politique, traite exclusivement du titre de citoyen, et décide qu'il sera acquis par les mêmes moyens que ceux qui avaient été indiqués par la loi de 1790. Mais, en gardant le silence à l'égard de la simple qualité de Français, il n'a pu vouloir évidemment, par cela seul, faire disparaître désormais cette distinction de principe qui sépare, même pour les nationaux, les droits civils des droits politiques, et le Français du citoyen; des conditions énumérées par la Constitution, une seule peut être particulière à l'exercice des droits de citoyen; c'est celle du serment. Toutes les autres resteront donc nécessaires, si l'on veut, pour acquérir la qualité de Français, mais devront suffire pour la donner. (*Voir* ce que j'ai dit, n° 18, p. 14.)

Je crois que ce raisonnement pourrait prouver que le serment civique n'était pas exigé sous l'empire de la Constitution de 1791, pour acquérir la qualité de Français; mais il vaut mieux encore s'appuyer sur un motif plus décisif et qui me semble mettre fin à toute controverse.

La Constitution de 1791 ne s'est occupée, le texte

---

(1) Merlin, v° *Divorce*, sect. 4, § 18.

est positif, que du citoyen ; si quelque loi antérieure a réglé cette matière, la Constitution l'a abrogée ; mais qui pourrait prétendre qu'elle a abrogé aussi les lois traitant une matière étrangère à celles qu'elle a voulu réglementer ? Personne assurément. La loi du 2 mai 1790 est donc restée en vigueur pour régler les moyens d'acquérir la qualité de Français indépendante du titre de citoyen actif ; aucun doute ne peut subsister à cet égard ; et cette proposition est d'autant plus évidente, que la Constitution de 1791 a rappelé textuellement les dispositions de cette loi, quant à la manière de devenir citoyen français, et a montré ainsi qu'elle était bien loin de vouloir l'abroger.

98. La Constitution du 24 juin 1793 a seule rapporté implicitement la loi du 2 mai 1790 : elle ne s'occupe également que du titre de citoyen ; mais attachant à son acquisition des conditions plus faciles que celles mêmes que la loi de 1790 avait fixées pour la qualité de Français, il faut bien admettre que cette dernière loi a été implicitement abrogée ; on ne peut refuser *le moins* à celui qui a *le plus*. L'art. 4 de la Constitution de 1793 dit : « Tout « étranger âgé de 21 ans accomplis, qui, domicilié « en France depuis une année, y vit de son travail, « ou acquiert une propriété, ou épouse une Fran-« çaise, ou adopte un enfant, ou nourrit un vieil-« lard ; tout étranger enfin qui sera jugé par le corps « législatif, avoir bien mérité de l'humanité, est « admis à l'exercice des droits de citoyen fran-« çais. »

Cette disposition ne fait plus mention du serment

6.

civique ; l'omission de cette formalité ne peut donc, en aucun cas, être opposée à l'étranger qui a acquis la qualité de Français sous l'empire de cette constitution : le texte est si clair ; le rapprochement qu'on en peut faire avec celui de la Constitution précédente est tellement décisif, qu'il ne semblait pas possible qu'une difficulté s'élevât. Il n'en a pas été ainsi cependant : la Cour de Lyon appelée à se prononcer, a décidé, conformément au texte, que l'étranger n'était obligé à faire aucune déclaration, à prêter aucun serment, à remplir aucune formalité, puisque la Constitution de 1793, qu'il invoquait, avait abrogé celle de 1791 (1). La Cour d'Orléans a pensé autrement ; suivant elle, la Constitution de 1793 ne peut « être entendue que dans ce seul sens raison-
« nable, qu'un étranger ne peut devenir Français
« sans le savoir, sans le vouloir, sans le demander,
« et par le seul fait d'une année de domicile en
« France (2). »

J'admettrai, si l'on veut, que la Cour d'Orléans pouvait critiquer la Constitution de 1793, mais non pas en changer évidemment les termes ; et il ne faut que lire le texte pour se convaincre, qu'à tort ou à raison, cette loi a voulu qu'un étranger devînt Français *par le seul fait d'une année de domicile en France,* s'il s'y joignait, toutefois, ce que ne rappelle pas l'arrêt, une des conditions énumérées dans l'art. 4. Il n'avait pas besoin, dans ce cas, de faire une de-

---

(1) Lyon, 10 novembre 1827.
(2) Orléans, 25 juin 1830 ; *voy.* également Nîmes, 13 août 1841.

mande formelle, j'en conviens ; mais la loi pouvait
bien certainement le décider ainsi, et c'est ce qu'elle
a fait de la manière la plus positive. Cela admis,
j'ajouterai, pour rassurer les personnes qui partageraient les scrupules de la Cour d'Orléans, que l'é-
tranger, sous cette législation, ne devenait pas
Français, *sans le savoir, sans le vouloir.* La loi, et la
première de toutes, la Constitution, est censée être
connue de tout le monde ; libre à l'étranger de quitter la France, qui ne lui doit rien et ne veut le recevoir qu'aux conditions qu'il lui plaît d'imposer ; s'il
s'y soumet, c'est qu'il *sait* ces conditions et qu'il *veut*
les accepter.

99. La Constitution de 1793 exigeait que l'étranger fût *domicilié* en France ; le domicile, ici, serait
établi par cela seul que l'étranger résidant en France
y aurait vécu de son travail, ou acquis une propriété,
ou épousé une Française, sans préjudice des autres
preuves ; la loi devrait être interprétée selon son
esprit, et d'une manière très-large.

100. La Constitution du 5 fructidor an III a rem-
placé celle de 1793 ; l'art. 10 porte : « L'étranger
« devient citoyen français, lorsqu'après avoir at-
« teint l'âge de 21 ans accomplis et avoir déclaré
« l'intention de se fixer en France, il y a résidé pen-
« dant 7 années consécutives, pourvu qu'il y paie
« une contribution directe, et, qu'en outre, il y pos-
« sède une propriété foncière ou un établissement
« d'agriculture ou de commerce, ou qu'il ait épousé
« une française. »

Enfin, la Constitution du 22 frimaire an VIII dit,
art. 3 : « Un étranger devient citoyen français lors-

« qu'après avoir atteint l'âge de 21 ans accomplis et
« avoir déclaré l'intention de se fixer en France, il
« y a résidé pendant dix années consécutives. »

La loi du 2 mai 1790 et les Constitutions de 1791
et de 1793 avaient fait résulter la volonté de l'é-
tranger de se fixer en France de certaines circonstances, telles que l'acquisition d'un immeuble, le
mariage avec une Française, etc., etc. ; cette présomption pouvait n'être pas exacte, et elle ne laissait quelquefois à l'étranger établi en France que
l'alternative de quitter le pays ou de devenir Français ; le serment civique même, complétement supprimé en 1793, n'était pas un palliatif, puisqu'il n'é-
tait exigé que pour l'exercice des fonctions civiques.
Le législateur, en assimilant complétement, quant
aux droits, le naturalisé à l'indigène, n'avait pas
craint de paraître, dans certaines circonstances,
imposer la naturalisation, comme on impose la nationalité.

La Constitution de l'an III fit disparaître ce système ; on a vu qu'elle exigeait une déclaration par
laquelle l'étranger manifestait l'intention de se fixer
en France ; c'est de la date de cette déclaration
seulement que court le stage imposé à l'étranger,
en outre des autres conditions qu'il devait remplir
encore pour être naturalisé.

La Constitution de l'an VIII a maintenu ce principe nouveau ; mais elle a pensé qu'il y avait double
emploi à exiger l'accomplissement des conditions
qui, aux termes des Constitutions précédentes, faisaient présumer l'intention de l'étranger de se fixer
en France, et, en même temps, de demander une

déclaration formelle à cet égard ; elle a fixé un stage plus long, et a supprimé, d'un autre côté, les conditions accessoires qu'avait énumérées la Constitution de l'an III. Deux circulaires du ministère de l'intérieur, du 16 janvier 1827 et du 27 mai 1831, ont déterminé la forme dans laquelle ces déclarations devraient être faites. Ces instructions, destinées aux maires appelés à recevoir ces actes, ne peuvent avoir, toutefois, pour effet de rendre nulle toute déclaration faite en termes différents, si, du reste, elle est conforme aux prescriptions de la Constitution de l'an VIII.

101. Tous les étrangers qui, sous l'empire des lois que je viens de rappeler, ont acquis la qualité de Français, n'ont pu la perdre qu'aux mêmes conditions que l'indigène même ; elle leur a été attribuée d'une manière définitive et sans que les lois postérieures, qui ont modifié la législation sur cette matière, ait pu en aucune manière les atteindre. Cette question a été jugée par une jurisprudence constante, dont il devient inutile de mentionner les dispositions : le principe de non-rétroactivité s'opposait d'une manière invincible à ce qu'il en fût autrement.

Le décret du 17 mars 1809, qui a modifié profondément les règles suivies depuis 1790 jusqu'au moment où il a été rendu, n'a donc statué que pour l'avenir ; il est certain que les tribunaux sont seuls juges des difficultés élevées pour savoir si un étranger a acquis, avant la date de ce décret, la qualité de Français dans les termes des constitutions dont je viens de rappeler les règles ; la jurisprudence,

ainsi qu'on l'a vu, a eu à s'en occuper à diverses
reprises. Le décret du 17 mars 1809, en remettant
de nouveau, comme au temps de l'ancienne monarchie, au pouvoir administratif seul le droit d'accorder la naturalisation, a dû avoir pour conséquence
d'établir d'autres principes pour l'avenir.

« Lorsqu'un étranger, dit ce décret, en se con-
« formant aux dispositions de l'acte des constitu-
« tions de l'empire du 22 frimaire an VIII, aura
« rempli les conditions exigées pour devenir citoyen
« français, sa naturalisation sera prononcée par nous.

Art. 2. « La demande en naturalisation et les
« pièces à l'appui seront transmises par le maire du
« domicile du pétitionnaire au préfet, qui les adres-
« sera, avec son avis, à notre grand juge ministre de la
« justice. » Les conditions légales, fixées par la législation alors en vigueur, n'ont donc pas été modifiées
par cet acte; mais l'étranger, après en avoir justifié,
ne put plus être naturalisé de plein droit; et il dut s'a-
dresser au Gouvernement, qui a été constitué juge
souverain de l'opportunité qu'il y aurait désormais
à admettre un étranger au rang des indigènes; il est
devenu maître absolu de refuser ou d'accorder cette
faveur selon les circonstances (1).

102. Aucun équivalent n'a jamais été admis quant
à la déclaration exigée par la Constitution de l'an
VIII pour faire courir le stage décennal imposé à
l'étranger, pas même le service militaire volontairement accompli sous les drapeaux français. En

---

(1) Conseil d'État, ordonn. du 11 avril 1834.

effet, si un service prolongé est de nature à pouvoir être accepté comme preuve de l'intention de se fixer en France, il n'en saurait être de même d'un service de courte durée; quel délai fixer dans le silence absolu de la loi? Ce serait rentrer dans le système des présomptions détruit par la Constitution de l'an VIII, et y rentrer, sans qu'aucun texte puisse l'autoriser. On tomberait, disait le conseil d'État, dans un système d'interprétation arbitraire, dont il serait impossible de déterminer les limites, ni de borner les conséquences (1).

103. On n'a pas considéré toutefois comme une exception à la règle qui vient d'être posée, l'usage de ne pas exiger cette déclaration de l'étranger admis à fixer son domicile en France, conformément à l'art. 13 du Code civil. On ne peut se dissimuler que rien ne s'oppose à ce qu'un étranger, momentanément établi en France avec complet esprit de retour, n'obtienne les droits civils, et plus tard puisse se prévaloir de cette concession pour solliciter la naturalisation. Cette mesure, je le répète, a été cependant admise comme tenant complétement lieu de la déclaration d'intention; mais jusqu'à la loi du 3 décembre 1849, il n'a pas été exact de prétendre que la déclaration elle-même, n'avait plus aucune valeur; un avis du conseil d'Etat mal interprété avait donné lieu à cette doctrine.

« Le conseil d'Etat consulté, dit cet avis, sur la « question de savoir si l'étranger qui veut devenir

---

(1) Avis du 15 octobre 1833.

« citoyen français par la voie qu'indique *l'art.* 3
« *de l'acte du* 22 *frimaire an* VIII, est assujetti à la
« disposition de l'art. 13 du Code civil, qui ne donne
« à l'étranger la jouissance des droits civils en
« France que lorsqu'il aura été admis à y résider,
« est d'avis que, dans tous les cas, où un étranger
« *veut s'établir en France*, il est tenu d'obtenir la
« permission du Gouvernement, et que ces condi-
« tions pouvant être, suivant les circonstances, su-
« jettes à des modifications, à des restrictions, et
« même à des révocations, ne sauraient être déter-
« minées par des règles ou des formules généra-
« les (1). »

La rédaction de cet avis est loin d'être claire, et je
crois difficile d'en faire connaître le sens exact ; il a
servi de point de départ néanmoins à cette opinion,
d'après laquelle l'admission à domicile aurait été
substituée à la déclaration prescrite par la Constitution de l'an VIII, comme préalable nécessaire de la
naturalisation (2). En fait, l'administration n'a pas
suivi cette règle, qui ne s'appuie, il faut bien le dire,
ni sur les termes de la Constitution citée, laquelle
parle seulement de la résidence, ni sur les termes
de l'art. 13 du Code civil, qui est muet à cet égard.
L'art. 6 de la loi du 3 décembre 1849 est conforme
à cette interprétation; la loi du 14 octobre 1814, s'il
en était besoin, viendrait encore à l'appui de cette

---

(1) Avis du 20 prairial an XI.
(2) Une ordonnance du conseil d'État, du 11 avril 1834, qui vise l'a-
vis du 20 prairial an XI, énonce cette doctrine d'une manière explicite.

opinion, qui a servi de base aux nombreuses naturalisations accordées depuis 1809, et formant désormais des droits acquis.

104. L'admission à domicile, conférée en exécution de l'art. 13 du Code civil, est un acte spécial
produisant des effets généraux qui ne peuvent implicitement résulter d'aucun autre acte; ainsi, par
exemple, le fait d'avoir conféré à un étranger des
fonctions publiques ou de l'avoir autorisé à fonder
un établissement exigeant l'approbation de l'administration, peut bien équivaloir, si l'on veut, à une
autorisation de résidence, ainsi que le service militaire, dont je parlais tout à l'heure, mais ne confère
pas à l'étranger, objet d'une pareille mesure, le droit
de s'en prévaloir pour prétendre être assimilé à celui
qui a obtenu l'admission à domicile; en ce qui concerne l'aptitude à obtenir la naturalisation, je le répète, rien ne remplace, soit la déclaration faite dans
les termes de la Constitution de l'an VIII, soit l'ordonnance rendue conformément à l'art. 13 du Code
civil.

105. Avant même le décret du 17 mars 1809, dont
je viens de parler, un sénatus-consulte du 26 vendé-
miaire an XI était venu porter une première atteinte
au principe des constitutions révolutionnaires et donner, dans un cas particulier, au Gouvernement, le
pouvoir d'accorder la naturalisation; c'était ressus-
citer en apparence les dispositions des Constitutions
de 1791 et de 1793, qui voulaient qu'un étranger pût
quelquefois être admis, par exception, à la naturalisation, sans remplir les règles du droit commun; mais

toutefois en substituant au pouvoir législatif, le Conseil d'Etat et l'administration.

« Pendant cinq ans, dit le sénatus-consulte, à
« compter de la publication du présent sénatus-con-
« sulte organique, les étrangers qui rendront ou qui
« auraient rendu des services importants à la Répu-
« blique ; qui apporteront dans son sein des talents,
« des inventions, ou une industrie utile ; ou qui for-
« meront de grands établissements, pourront, après
« un an de domicile, être admis à jouir des droits de
« citoyen français. — Art. 2. Ce droit leur sera
« conféré par un arrêté du Gouvernement, pris sur
« le rapport du ministre de l'intérieur, le conseil
« d'Etat entendu. »

Un nouveau sénatus-consulte, du 19 février 1808,
reproduisit textuellement les termes de cet acte,
mais fit disparaître la limitation de durée qu'il avait
fixée ; le cas qu'il prévoit a constitué la naturalisation exceptionnelle.

L'année *de domicile,* ainsi que s'exprime le sénatus-consulte, qui forme, dans ce cas, le stage
exigé pour donner à l'étranger l'aptitude légale, a
toujours dû avoir pour point de départ l'admission
à domicile obtenue dans les termes de l'art. 13 du
Code civil. Elle devient donc ici un préalable nécessaire, soit que les termes du sénatus-consulte, différents de ceux qui ont été employés par la Constitution de l'an VIII, autorisent cette interprétation,
soit qu'elle constitue une exigence de l'Administration, qui était libre de l'imposer.

Nonobstant les termes du sénatus-consulte, la naturalisation exceptionnelle, comme les autres, est ac-

cordée sur le rapport du ministre de la justice ; le
conseil d'Etat était consulté comme pour les règlements d'administration publique ; et son avis, par
conséquent, n'était pas obligatoire ; jusqu'à la loi
du 3 décembre 1849, c'était le seul cas où ce corps
intervînt en matière de naturalisation.

106. Les évènements politiques qui amenèrent,
en 1814, la chute de l'Empire, eurent pour effet de
créer un droit spécial et transitoire, en ce qui concernait la naturalisation des habitants des provinces
détachées de la France. « Lorsqu'une province est
« démembrée de la couronne, dit Pothier, lors-
« qu'un pays conquis est rendu par le traité de paix,
« les habitants changent de domination. De citoyens
« qu'ils étaient au moment de la conquête ou depuis
« la conquête, s'ils sont nés depuis la réunion ; de
« citoyens qu'ils étaient par leur naissance, jus-
« qu'au temps du démembrement de la province,
« ils deviennent étrangers. » Les traités de 1814
et de 1815, en détachant du territoire les contrées
que les conquêtes de la République et de l'Empire
avaient converties en départements français, eurent
donc pour effet de rendre immédiatement et de
plein droit étrangers les habitants de ces contrées ;
mais leur position parut de nature à justifier une
faveur particulière ; et la loi du 14 octobre 1814 eut
pour but de rendre plus faciles à leur égard les
moyens d'acquérir la qualité de Français.

Cette loi déclare, par l'art. 1er, que les personnes à qui elle s'applique, résidant en France depuis
dix années, à partir de l'âge de 21 ans, seront dis-
pensées du stage exigé par l'art. 3 de la loi du 22 fri-

maire an VIII, à la charge par elles de déclarer, dans
le délai de trois mois, qu'elles persistent dans la volonté de se fixer en France. Cette déclaration n'é-
tait pas autre chose que celle même qui était exigée
par la Constitution de l'an VIII, et j'ai dit dans quelle
forme elle devait être faite.

L'art. 2 règle la position de ceux qui n'avaient
pas encore complété les dix ans de résidence; ils devront ou accomplir ce délai, ou en être dispensés
par le Gouvernement, auquel ce pouvoir était conféré.

Enfin, l'art. 3 parlait du défaut absolu de résidence antérieure; le droit commun devenait alors
de nouveau applicable en principe; mais le Gouvernement était autorisé, comme par l'art. 2, à
abréger le stage décennal.

107. Cette loi a été interprétée de la manière la
plus large. Le délai de trois mois, imposé par la loi
à ceux qui devaient profiter de ses dispositions, a été
considéré comme purement comminatoire; la déchéance n'a jamais été opposée, et les dix ans de résidence n'ont été exigés dans aucun cas, comme
condition légale au moins, des habitants des anciens
départements détachés, qui, jusqu'à la loi du 3 décembre 1849, ont sollicité la naturalisation.

Cette bienveillante interprétation a fait disparaître une difficulté qui aurait pu s'élever à l'égard des
individus encore mineurs à l'époque où la loi du 14
octobre 1814 a été promulguée, afin de savoir si,
quant à eux, le délai de trois mois ne devait partir
que du jour où ils auraient atteint leur majorité.
Une disposition, contenue dans l'art 17 du traité du

30 mai 1814 et l'art. 7 de celui du 20 novembre 1815, aurait été sans doute aussi la cause d'une nouvelle difficulté ; en effet, cette disposition donnait aux habitants des provinces détachées un délai de six années pour déclarer dans quel pays ils voulaient se retirer.

108. Ce texte, que je crois devoir rapporter, a fait naître, néanmoins, encore une autre controverse : L'art. 17 du traité du 30 mai 1814 est ainsi conçu : « Dans tous les pays qui doivent ou devront chan- « ger de maître, tant en vertu du présent traité, « que des arrangements qui doivent être faits en « conséquence, il sera accordé aux habitants *natu-* « *rels* et *étrangers*, de quelque condition et nation « qu'ils soient, un espace de six ans, à compter de « l'échange des ratifications, pour disposer, s'ils le « jugent convenable, de leurs propriétés acquises, « soit avant, soit depuis la guerre actuelle, et se « retirer dans tel pays qu'il leur plaira de choisir. » Une disposition analogue se trouve dans l'art. 7 du traité du 20 novembre 1815.

Cette disposition, selon M. Fœlix (1), a eu pour effet de changer la nationalité des habitants des provinces cédées ; et cependant il faut bien convenir qu'il n'en est pas dit un mot. Le texte assimilant complétement, dans le cas qu'il détermine, les habitants naturels de ces provinces et les étrangers qui y étaient établis, M. Fœlix en tire cette conclusion,

---

(1) *Revue du droit français et étranger*, mai 1845, t. II, 5e livraison, p. 332 et suiv.

que les Français même restés dans ces provinces, sont devenus étrangers à l'expiration des six années; mais jusque-là alors, en vertu de la complète assimilation que reconnaît M. Fœlix, les naturels étaient donc encore Français? Comprend-on une cession de territoire, laissant étrangers tous les habitants du pays pendant six années? Il suffira de lire les traités de 1814 et de 1815, pour se convaincre qu'ils ne se sont pas explicitement occupés du changement de nationalité ; ils s'en sont complétement rapportés, à cet égard, aux principes admis par tous, que Pothier a rappelés et qui ne sont plus contestés. L'article 17 du traité du 30 mai 1814 est tout à fait étranger à la question de nationalité; c'est, à l'égard des habitants originaires, une disposition protectrice pour les personnes et les biens et la facilité de s'expatrier, en emportant leur fortune; c'est, en outre, une faveur pour les étrangers auxquels elle donne, pendant six années, la même capacité qu'aux nationaux, en même temps qu'elle leur garantit cet avantage, quelles que soient les dispositions des lois en vigueur à leur égard, ou les modifications qu'elles pourront subir.

Les tribunaux ont donc jugé, avec raison, qu'un Français d'origine, qui a continué d'habiter jusqu'à l'expiration du délai un des pays cédés, n'a pas perdu, par le fait de ce séjour, la qualité de Français, lorsqu'il n'est dans aucun des cas prévus par le Code civil. Cette appréciation est indépendante de la question de savoir si les traités de 1814 et de 1815 doivent être considérés, en droit civil, comme lois de l'État. Mais rien n'empêche les tribunaux

Prussiens de juger qu'un de leurs nationaux qui s'est retiré en France pendant ce délai a perdu sa nationalité, parce qu'ils peuvent le considérer comme établi loin de sa patrie, sans esprit de retour; la position n'est pas identiquement la même; dans tous les cas, je le répète, l'art. 17 du traité de 1814, et l'art. 7 du traité de 1815, restent étrangers à la question.

109. La loi du 14 octobre 1814 ne s'appliquait qu'aux personnes nées avant la date des traités et dans les pays qui avaient été convertis en départements français. Ainsi, parmi les provinces situées au delà des Alpes, les unes ont été réunies à l'Empire ; les autres, sous le nom de royaume d'Italie, quoique soumises à l'autorité de Napoléon, comme quelques contrées encore qu'il serait aisé de citer, n'ont pas fait partie intégrante de la France. Leurs habitants n'ont pu invoquer la loi du 14 octobre 1814, dont les termes sont restrictifs.

110. Cette loi n'a pas concédé de plein droit la qualité de Français aux habitants des anciens départements français qui en ont manifesté le désir; ils ont dû se pourvoir de lettres de naturalité (1) ; et le Gouvernement, malgré les termes affirmatifs dont elle s'est servie, n'a pas été tenu de délivrer ces lettres patentes à toutes les personnes qui le demandaient, en justifiant de leur aptitude légale à les obtenir; il est resté, suivant les principes qui ré-

---

(1) Cour de cassation, 19 mars 1828 et 27 juin 1831, rejet ; conseil d'État, ord. du 15 juillet 1835.

gissent la matière, appréciateur souverain de l'opportunité qu'il y avait à les accorder.

111. Une discussion s'est élevée sur la portée que
devaient avoir ces lettres patentes. auxquelles on a
voulu donner quelquefois un effet rétroactif, préten-
dant que l'étranger, ainsi pourvu de ces lettres, était
censé avoir conservé, sans interruption, la qualité
de Français que lui avait donnée la réunion de son
pays à la France. Cette opinion a été repoussée par
le conseil d'Etat (1), mais trouve des appuis dans la
jurisprudence des tribunaux civils.

A l'instant même où les traités ont été exécutoi--
res, les habitants des provinces détachées sont devenus étrangers, en vertu des règles partout et depuis longtemps admises, et dont, il ne faut pas l'oublier, l'application seule les avait rendus Français.
Ils ont dû perdre cette nationalité acquise par la
réunion, si le texte des traités ne la leur a pas con-
servée, par exception, de la manière la plus formelle,
et les traités sont muets à cet égard. Ces habitants ne
pouvaient donc tout au plus, désormais, que recouvrer la qualité qu'ils avaient perdue, et la loi
aussi a-t-elle dit, art. 2 : « Ils obtiendront, à cet ef-
« fet, de nous, des lettres de déclaration de natu-
« ralité, et pourront jouir, DÈS CE MOMENT, des droits
« de citoyen Français. » On peut ajouter que dans
la rédaction des lettres patentes qui étaient délivrées au réclamant et qui formaient le titre, dont
il pouvait se prévaloir, aucune expression, aucun

---

(1) Ord. du 15 juillet 1835.

mot ne venait à l'appui de cette doctrine; la formule était la même que pour les lettres patentes
accordées aux étrangers dans toute autre position ;
on disait, dans les unes comme dans les autres :
« Voulons et nous plaît qu'il *soit admis*, comme
« nous *l'admettons par ces présentes*, à jouir, etc. »

Même dans le cas où le terme de trois mois, fixé
par la loi du 14 octobre 1814, aurait été entendu
dans le sens le plus rigoureux, les art. 2 et 3 s'appliquaient à des positions où les conditions légales
pour obtenir les lettres de naturalité ne seraient
accomplies que dix années après la promulgation
de la loi : que décider pour tous les actes faits pendant ce long espace de temps, qui ne pouvait même
être considéré comme un simple délai, puisqu'il fallait encore, et l'approbation toujours facultative du
Gouvernement, et la persistance de l'étranger dans
la volonté qu'il avait manifestée ? La loi n'avait fixé
d'époque que pour la déclaration ; cette formalité
remplie, aucune déchéance ne pouvait être opposée
au demandeur, et rien ne s'opposait à ce que ce stage de dix années fût prolongé par la volonté des
parties ou du Gouvernement ; et, en fait, des lettres
de naturalité ont été accordées jusqu'en 1847, en
vertu de la loi du 14 octobre 1814 ; elles auraient
donc rétroagi jusqu'à trente-quatre années en ar-
rière ! et la loi, si elle avait voulu consacrer une si
monstrueuse dérogation à tous les principes, aurait
gardé le silence le plus absolu sur les difficultés que
cette singularité pouvait faire naître !

112. Cette opinion ne trouvant aucun appui dans
e texte de la loi, encore moins, à coup sûr, dans les

7.

principes généraux, ne sachant à quoi s'en prendre, on a prétendu que, puisque la loi du 14 octobre 1814 avait parlé de *lettres de naturalité*, elle avait voulu, par cette appellation, les différencier des lettres de naturalisation. L'argument est un peu léger sans doute, mais encore faudrait-il pouvoir citer un seul texte qui eût parlé des lettres de naturalisation : j'avoue que je n'en connais pas.

Sous l'ancien droit, j'ai dit que la naturalisation ne s'accordait pas autrement que par des *lettres patentes de naturalité ;* l'ordonnance du 8 *octobre* 1814, antérieure à la loi dont il s'agit, et qui a rétabli la formalité des lettres patentes et le paiement des droits de sceau, dans tous les cas où un étranger serait admis à la jouissance des droits de citoyen français ; la loi du 28 avril 1816, qui a rappelé les expressions de cette ordonnance, en ajoutant au droit de sceau un droit d'enregistrement, n'ont pas distingué ; la désignation de lettres de naturalité est la seule qui ait été employée, soit dans ces actes, soit encore dans l'art. 12 de la loi du budget du 20 juillet 1837, parce que c'est la seule, je le répète, qui fût usitée dans l'ancien droit, aux expressions duquel se reportait tout naturellement la Restauration; on ne changea même rien au chiffre des anciens droits de chancellerie à payer ; aucune hésitation n'a jamais existé pour percevoir ces droits dans tous les cas, soit que la naturalisation fût accordée en vertu de la constitution de l'an VIII, ou en vertu de la loi du 14 octobre 1814. On est à se demander comment, non pas en l'absence complète d'un texte, mais en présence, au contraire, des textes formels que je viens de rappeler, qui n'ont qu'une seule appellation, celle de la loi du 14 octobre 1814, celle de l'ancienne monarchie, pour tou tes les naturalisations, on a pu échafauder un système de distinctions aussi fondamentales (1) I L'expression de lettres de naturalisation ne se trouve employée que dans l'ordonnance du 4 juin 1814, et s'applique à un acte particulier ayant une solennité bien plus grande et une bien plus haute valeur et inconnu sous l'ancienne monarchie.

113. Quelques contrées ayant fait partie de l'ancien royaume de France, en ont cependant été détachées par les traités qui ont amené la Restauration, telles que l'Ile de France et Landau ; les individus qui y sont nés, s'ils justifient que leur père est originaire de pays faisant partie du sol actuel de la France, n'ont pas besoin d'être naturalisés. La disposition formelle de l'art. 10 du Code civil, qui déclare Français tout enfant né d'un Français en pays étranger, leur est évidemment applicable. Dans le cas où ils ne peuvent se prévaloir de cette disposition, ils ont toujours été admis à invoquer la loi du 14 octobre 1814.

114. La naturalisation obtenue en vertu des lois qui viennent d'être rappelées ne donnait pas à un étranger, depuis l'ordonnance du 4 juin 1814, le droit de siéger aux assemblées législatives; mais cette ordonnance déclarait en même temps que pour d'importants services rendus à l'Etat, un étranger pour

(1) Cour de cassation, 4 mai 1836, rejet,

rait être élevé à la *plénitude de la qualité de citoyen français*, au moyen de lettres de naturalisation délivrées par le roi et vérifiées par les deux chambres; cette concession n'était soumise à aucune condition préalable : c'était une *loi privée* rendue en faveur de celui qui y était désigné, et faite exprès pour lui. Masséna est le premier à qui l'ordonnance ait été appliquée; 21 étrangers seulement après lui ont obtenu la même faveur sous les divers gouvernements qui se sont succédé jusqu'au 24 février 1848. C'est ce qu'on a appelé *la grande naturalisation*.

Le décret du Gouvernement provisoire du 5 mars 1848, qui convoquait les assemblées électorales, abrogea implicitement l'ordonnance du 4 juin 1814, en décidant que tous les Français âgés de 25 ans seraient éligibles; aucune distinction n'était faite entre les indigènes et les étrangers naturalisés. Le doute, s'il avait pu exister, aurait été levé par l'instruction du 8 du même mois, signé par tous les membres du Gouvernement provisoire, et ayant, par conséquent, force de loi, et où l'on assimile de la manière la plus formelle les étrangers naturalisés aux naturels français : cependant des lettres de grande naturalisation ont été accordées une fois encore par le Gouvernement provisoire.

115. Un décret, en date du 28 mars 1848, vint changer peu de jours après les conditions exigées pour obtenir la naturalisation.

Aux termes de ce décret, le ministre de la justice était provisoirement autorisé à accorder la naturalisation à tous les étrangers qui la demanderaient, s'ils justifiaient, par actes officiels ou authentiques,

d'une résidence en France de 5 années, et s'ils pro-
duisaient, en outre, à l'appui de leur demande, l'at-
testation par le maire de Paris ou le préfet de police,
pour le département de la Seine, et par le commis-
saire du Gouvernement pour les autres départements, qu'ils étaient dignes, sous tous les rapports,
d'être admis à jouir des droits de citoyen français.

Cet acte ne porta, du reste, aucune atteinte au
principe qui rend l'administration maîtresse d'accorder ou de refuser les demandes formées par les
étrangers aptes à solliciter la naturalisation. L'administration s'est montrée large, sans doute, dans
l'appréciation qu'elle avait à faire, mais son droit
n'a pu être contesté.

116. Le décret rendu particulièrement en vue des
élections générales, auxquelles on se préparait,
dans son objet comme par sa rédaction, n'était
pas destiné à former la législation définitive sur la
matière; la loi des 13, 21 novembre et 3 décembre
1849, a été rendue dans ce but, que le décret ne pouvait aucunement atteindre. Cette loi a confirmé le
décret du 17 mars 1809; a modifié la constitution
de l'an viii; rappelé le sénatus-consulte du 19 février
1808 sur la naturalisation exceptionnelle; abrogé formellement la loi du 14 octobre 1814 et rétabli, quant
à l'éligibilité à l'Assemblée nationale, une règle analogue à celle qui était contenue dans l'ordonnance du
4 juin 1814.

L'art. 1er modifiant la constitution de l'an viii exige
dorénavant que les étrangers, pour solliciter la naturalisation, justifient qu'ils ont résidé dix ans en
France, depuis la date du décret qui les a admis à

établir leur domicile, conformément à l'art. 13 du Code civil. Toutefois, cette exigence étant nouvelle, l'art. 6 déclare qu'à l'égard de l'étranger, qui aura fait antérieurement à la publication de la loi la déclaration prescrite par l'art. 3 de la constitution de l'an VIII, le délai de dix années courra à partir de la date de cette déclaration, selon l'ancienne règle.

Jusqu'à ce moment, les naturalisations exceptionnelles, accordées conformément au décret du 19 février 1808, avaient seules été communiquées au conseil d'Etat, dont l'avis favorable ne pouvait pas être exigé dans ce cas, pas plus que dans aucun autre où il était consulté. La loi nouvelle veut que ce corps intervienne pour toutes les naturalisations; et il est nécessaire qu'il émette un avis favorable pour que le Gouvernement puisse rendre un décret d'admission.

Les étrangers doivent donc aujourd'hui, pour être naturalisés, justifier d'un séjour de dix ans en France, soit depuis le décret d'admission à domicile, obtenu après 21 ans accomplis, soit depuis la déclaration faite antérieurement à la promulgation de la loi nouvelle, conformément à l'art. 3 de la constitution de l'an VIII; et, en outre, obtenir un avis favorable du conseil d'Etat, que le Gouvernement seul, bien entendu, peut consulter après une enquête faite par lui sur la moralité de l'étranger. Ces conditions remplies, le Gouvernement reste juge de l'opportunité de la mesure.

L'art. 2 rappelle textuellement les termes du sénatus-consulte du 19 février 1808, auquel il n'est en rien dérogé, si ce n'est que l'avis favorable du conseil d'Etat devient obligatoire.

La naturalisation accordée par le Gouvernement, en vertu de la loi du 3 décembre 1849, ne donne pas aux étrangers qui l'ont obtenue le droit de siéger à l'Assemblée nationale; l'éligibilité ne peut plus désormais leur être accordée que par une loi. Toutefois, cette disposition, aux termes de l'art. 5, ne porte aucune atteinte aux droits qui sont acquis aux étrangers naturalisés avant la promulgation de la loi, en vertu des dispositions législatives antérieures.

Cette loi a donc résumé la législation, résultant d'actes divers, qui régissait la naturalisation, et c'est la seule qui soit maintenant à consulter pour les faits à venir.

117. A partir du moment où la naturalisation n'a plus été accordée que par un acte émané de l'administration, les tribunaux civils ont été appelés encore à intervenir quelquefois pour déterminer les effets résultant de la mesure régulièrement accordée, mais n'ont pu en aucun cas se substituer à l'administration pour décider qu'un étranger avait, depuis le décret du 17 mars 1809, obtenu d'être admis à la jouissance des droits de citoyen français, sans le concours de l'administration; le jugement ne peut remplacer l'acte administratif. Le tribunal civil de Montmédy avait fait cette confusion de pouvoirs par un jugement du 9 octobre 1834; déféré à la Cour de cassation, il fut cassé dans l'intérêt de la loi (1). Les tri-

_____

(1) Cour de cassation, 1er août 1836.

bunaux civils seraient également incompétents pour
apprécier si l'acte a été régulièrement rendu et dans
les conditions tracées par la loi : si une contestation,
par impossible, s'élevait à cet égard, le conseil d'É-
tat saisi par la voie contentieuse pourrait seul prononcer.

118. La naturalisation, de quelque manière
qu'elle ait été conférée, est personnelle à celui qui
l'a obtenue, et ne pourrait jamais profiter aux enfants déjà nés ; aucune distinction ne doit être faite
à cet égard entre les majeurs et les mineurs, ainsi
qu'on l'a essayé quelquefois. J'ai eu déjà l'occasion
de le dire : sur quoi s'appuie une pareille distinction, et comment l'état civil d'un mineur pourrait-
il plus facilement être changé que celui d'un majeur ? Le contraire s'expliquerait plus aisément.
Comprendrait-on qu'un étranger quittant son pays
et y laissant sa famille, parce qu'il serait naturalisé
Français, changeât ainsi la nationalité de ses enfants
restés au sein de leur patrie ! On peut voir, dans
Merlin, l'étonnement qu'il exprime lorsqu'il suppose la possibilité qu'on mette en doute que la naturalisation est personnelle et ne peut profiter aux
enfants (1). Il va de soi que les enfants à naître seront Français. Le Cour de Grenoble a eu à se prononcer sur cette question et n'a pu que décider que
la naturalisation était *un droit purement personnel*,
soit qu'elle eût été acquise de plein droit par les

_____

(1) Répertoire, v° *Légitime*, sect. 3, § 1, n° 9.

constitutions républicaines, soit qu'elle eût été conférée par un acte du Gouvernement.

119. La loi des 22-27 janvier et 7 février 1851 a confirmé ces principes, en même temps qu'elle a conféré aux enfants des personnes naturalisées un nouvel et très-précieux avantage. L'art. 2 est ainsi conçu : « L'art. 9 du Code civil est applicable aux « enfants de l'étranger naturalisé, quoique nés en « pays étrangers, s'ils étaient mineurs lors de la « naturalisation.

« A l'égard des enfants nés en France ou à l'é- « tranger qui étaient majeurs à cette époque, l'ar- « ticle 9 du Code civil leur est applicable dans l'an- « née qui suivra celle de ladite naturalisation. »

En vertu de cette loi, il y aura donc dorénavant une classe d'étrangers aptes à se naturaliser eux-mêmes ; je crois l'innovation peu heureuse, et cette dérogation à un principe, maintenu depuis si long-temps et dans des circonstances si diverses, n'aura même pas pour effet d'empêcher les membres d'une même famille d'appartenir à des nations différentes, puisque la loi n'offre qu'une faculté. Cette disposition pourrait avoir, en outre, l'inconvénient de placer quelquefois l'administration dans une alternative fâcheuse, si la naturalisation est réclamée par un homme parfaitement honorable dont le fils sera un fort mauvais sujet. On s'explique difficilement que la loi du 3 décembre 1849 ait rendu les conditions de la naturalisation si difficiles pour les uns, quand on les fait si aisées pour d'autres. Quoi qu'il en soit, les individus qui profiteront de l'art. 2 de cette loi se-ront assimilés, bien entendu, non aux personnes

dont parle l'art. 9 du Code civil, mais bien à leurs
pères naturalisés, et à partir seulement du jour où
ils auront accompli les formalités qui leur sont
imposées.

120. Tout ce qui vient d'être dit sur la manière
d'acquérir la naturalisation est commun aux deux
sexes : une femme a donc pu être naturalisée, si
elle a rempli, en ce qui la concernait, les conditions exigées par les constitutions intermédiaires,
et rien ne s'oppose à ce que le Gouvernement ait
accordé à une femme une pareille faveur; le *Bulletin des Lois* en signale quelques exemples, fort rares à la vérité; la loi dernière sur la matière n'a
rien innové à cet égard. On comprend aisément
que ces actes soient peu fréquents, puisque les
femmes, privées des droits politiques, ont peu d'intérêt à solliciter cette faveur, et présenteront difficilement des titres pour l'obtenir. Mais l'art. 12
du Code civil a établi, expressément pour elles, un
mode particulier de naturalisation, qui est applicable
même aux mineurs : « L'étrangère qui aura épousé
« un Français, dit ce texte, suivra la condition de
« son mari » : c'est la contre-partie de l'art. 19 du
même Code.

Le droit français n'a pas voulu admettre que la
femme et le mari pourraient, en aucun cas, être régis par des lois différentes; invoquer, dans tout ce
qui touche leurs droits civils, des règles diverses; et
ce principe est conforme au sentiment, que la con-
science universelle proclame chez les peuples ci-
vilisés : il ne souffre donc ni exception ni distinction; et je comprends difficilement que quelques

auteurs aient soutenu que la femme de l'étranger, qui acquiert la qualité de Français, ne devient pas Française. Je ne fais aucun doute, quant à moi, qu'elle doit suivre la condition de son mari. Le texte ne s'oppose nullement à cette interprétation ; il ne dit pas que le mari doit être Français au moment même où le mariage est contracté : pourquoi lui donner un sens restrictif, lorsqu'on n'y est pas autorisé? pourquoi ne pas s'en tenir à ce principe si simple, si naturel, que le Code a si évidemment voulu adopter : en toute circonstance, la condition du mari sera celle de sa femme?

Toutefois, il est bien entendu qu'il doit y avoir mariage valable ; ou tout au moins que la bonne foi de la femme puisse faire décider, qu'en ce qui la concerne, le mariage produit tous ses effets (Cod. civ., 201 et 202). La femme, dans tous les cas, doit être considérée comme Française, jusqu'à ce que la nullité du mariage ait été prononcée (1). La validité du mariage ne pourrait, au reste, être attaquée sur le fondement que les lois du pays d'origine de la femme y mettaient obstacle. En effet, c'est au moment de la célébration du mariage que la capacité de la femme doit être appréciée; et à ce moment, elle est Française : on ne pourrait pas, par une subtilité sans fondement, chercher à établir que la naturalisation suit ou précède le mariage : ces deux actes s'accomplissent en même temps; la loi française, dans ce cas, est la seule qui puisse être consultée.

---

(1) Cour de cassation, 18 février 1819, rejet, ch. crim.

121. La femme étrangère devenue Française ne
cesse pas de l'être par suite du décès de son mari;
sa qualité lui est irrévocablement acquise, sauf l'application des lois qui, en droit commun, feraient
perdre à une indigène sa nationalité.

122-123. Si l'on excepte le cas unique où une
femme étrangère encore mineure épouse un Français, j'ai eu occasion de dire que la naturalisation ne
pouvait être acquise que par une personne majeure.
Je crois devoir rappeler, en outre, en terminant, que
toutes les conditions qui sont imposées par la loi en
vigueur, comme celles qui avaient été écrites dans
les lois qui l'ont précédée, doivent être également
accomplies en état de majorité; les délais de résidence, qui ont été fixés, ne peuvent courir que de
la même époque. Si le texte de quelques-uns des actes que je viens de rappeler n'était pas suffisamment explicite à cet égard, le doute serait levé en
examinant l'ensemble de la législation sur cette matière. Les délais n'ont été exigés qu'afin d'établir la
volonté persévérante de ceux à qui ils sont imposés;
et il y a présomption légale invincible contre un mineur, qu'il n'a pas cette volonté raisonnée et entièrement libre, que la loi devait demander ; sous aucune législation il n'a suffi que cette volonté fût
prouvée au moment seulement où la naturalisation
était concédée.

124. L'acte de mariage de la femme étrangère est
le titre qui constate son droit. Les naturalisations conférées par les constitutions avant le décret du 17
mars 1809 n'étaient établies par aucun acte particulier; en cas de différend, les tribunaux appré-

ciaient si les conditions avaient été, en effet, remplies. Lorsque le Gouvernement impérial revendi-
qua le privilége de conférer la naturalisation, un
décret dut intervenir, qui était inséré au *Bulletin
des Lois*, et dont une ampliation était délivrée à la
partie intéressée. L'ordonnance du 8 octobre 1814
et la loi de finances du 28 avril 1816 créèrent des
droits à payer qui se montaient, avec les honoraires
du référendaire, à 172 fr., et en même temps, la
forme usitée, sous l'ancienne jurisprudence, des lettres patentes de naturalité, fut rétablie. La seule délivrance des lettres patentes eut pour effet de conférer la naturalisation; tout autre acte, quelle qu'en
fût la forme, qui les aurait précédées, ne pouvait
donner aucun droit à l'étranger en instance. A partir du 24 février 1848, les lettres patentes ont été
supprimées d'une manière générale, et la forme
usitée sous l'Empire, celle des décrets dont les am-
pliations sont délivrées pendant que les originaux
restent déposés aux archives, a été reprise. Le décret du 28 mars 1848 n'a fait aucune mention des
lettres patentes; il n'en est pas question dans la loi
du 3 décembre 1849 : c'est donc une forme tout à
fait abandonnée; les droits, tels qu'ils avaient été
fixés pour les lettres patentes, n'en restent pas
moins exigibles; la loi de finances du 7 avril 1850
l'a rappelé, en tant que de besoin.

Sous la législation actuelle, la naturalisation n'est
irrévocablement accordée qu'après la délivrance de
l'ampliation et l'insertion du décret au *Bulletin des
Lois ;* la remise seule du titre peut, ainsi que je l'ai
déjà dit, rendre le contrat entre l'étranger et le Gou-

vernement complet et définitif ; jusque-là, il n'est
encore intervenu que des actes préliminaires, que le
Gouvernement reste toujours maître de suspendre
ou de révoquer. A plus forte raison, alors même
que le conseil d'Etat consulté, ainsi que je l'ai dit,
par voie administrative dans toutes les affaires de
naturalisation, aurait donné un avis favorable, le
Gouvernement resterait libre de ne pas donner
suite à la demande.

125. Sous l'ancienne jurisprudence, les lettres
patentes de naturalité pouvaient être révoquées.
Lorsque la naturalisation résulta de plein droit de
l'accomplissement de certaines formalités, elle con-
stituait un droit évidemment irrévocable. Ce principe a subsisté même depuis que les naturalisations
ont de nouveau été accordées par l'autorité administrative, ou du moins la question n'a pas été sou-
levée.

126. Dans le cours de cet ouvrage, je n'ai jamais
été arrêté par les dispositions contraires à la loi
française qui auraient pu exister dans les législations
étrangères. Chaque législation est indépendante et
souveraine dans les limites du pays qu'elle doit ré-
gir ; mais, au dehors, elle est sans force. Ainsi,
pour mieux expliquer ma pensée, le fils d'un Français né en Angleterre, en Sardaigne, en Hollande,
dans quelques contrées de l'Allemagne, est Français
aux termes de l'art. 10 du Code civil, et citoyen
des pays que je viens de citer, d'après les lois qui y
sont en vigueur. L'Anglais, s'il n'a pas obtenu un
acte du parlement qui rompt l'allégeance qu'il doit
au souverain ; l'habitant du canton de Neufchâtel et

de plusieurs autres cantons Suisses, le Tessin, Fribourg, Genève, Saint-Gall, s'ils sont naturalisés Français, n'en conservent pas moins leur ancienne nationalité : le Français, au contraire, établi en pays étranger sans esprit de retour, perd la qualité de Français, et n'a pas obtenu la naturalisation étrangère. Je pourrais multiplier les exemples qui établissent qu'un individu peut tantôt avoir deux patries, tantôt n'en avoir aucune : mais, au point de vue de la législation française, où je me suis exclusivement placé, il n'y aura jamais doute pour savoir s'il doit être considéré comme *Français* ou comme *étranger*. C'est la seule question que j'ai dû examiner et résoudre.

TABLE.

TABLE ANALYTIQUE

DES MATIÈRES.

(Le premier chiffre désigne la page; le second chiffre désigne le numéro).

8.

FRANÇAIS (*Suite*). — Le Français, qui a perdu sa qualité, ne peut être assimilé à un étranger, 66, 78.

La qualité de Français est indépendante du titre de citoyen, 14, 18; 80, 96.

Les traités de 1814 et de 1815 n'ont pas enlevé la qualité de Français, aux Français qui ont continué de séjourner dans les pays détachés de la France, 95, 108.

V. Cod. civ., art. 9, 10; lois du 22 mars 1849 et 7 février 1851; Religionnaire.

GARDE NATIONALE.—*V*. Service militaire.

LÉGISLATIONS ÉTRANGÈRES.—Quand elles sont inconciliables avec la loi française, il n'y a pas lieu d'en tenir compte, la loi française étant la seule qui ait autorité, 112, 126.

LETTRES DE RELIEF. — Elles sont indépendantes de la réintégration dans la qualité de Français, 74, 88.

LOI *du* 30 *avril*, 2 *mai* 1790. — Règles relatives à la naturalisation des étrangers, 80, 95.—*V*. Naturalisation.

—— *du* 9, 15 *décembre* 1790.—*V*. Religionnaire.

—— *du* 14 *octobre* 1814, relative aux habitants des anciens départements français.—*V*. Naturalisation spéciale.

—— *du* 28 *mars* 1848.—Règles relatives à la naturalisation, 102, 115. —*V*. Naturalisation.

—— *du* 22 *mars* 1849, modificative de l'art. 9 du Code civ.—*V*. Code civ., art. 9.

—— *du* 3 *décembre* 1849, sur la naturalisation des étrangers en France.—Règles relatives à la naturalisation, 103, 116.—*V*. Naturalisation.

—— *du* 7 *février* 1851, modificative de l'art. 9 du Code civ.—*V*. Code civil, art. 9; naturalisation.

MAJORITÉ.—Les délais imposés aux étrangers par toutes les lois, depuis 1790 jusqu'à nos jours, comme devant précéder la naturalisation, ne peuvent courir qu'à dater de la majorité accomplie, 110, 123.—*V*. Mineur.

MÉDECIN. — La profession de médecin ne constitue pas une fonction publique, sauf des cas particuliers, 51, 58.

MINEUR.—Les faits prévus par les art. 17 et 21 du Code civil n'entraînent point, pour un mineur, la perte de sa nationalité, 42, 48; 62, 71.

Le mineur étranger ne peut être naturalisé, ni même accomplir, en état de minorité, le stage imposé aux étrangers, pour les rendre aptes à solliciter la naturalisation, 110, 123.

La femme française, même mineure, perd et recouvre la qualité

FIN DE LA TABLE ANALYTIQUE DES MATIÈRES.

Imprimerie de COSSE et J. DUMAINE, rue Christine, 2.

www.ingramcontent.com/pod-product-compliance
Lightning Source LLC
Chambersburg PA
CBHW060818250626
47162CB00005B/1853